2010年湖南省普通高校大学生思想政治教育首批特色建设项目(10T50)

2011年湖南省高校思想政治教育研究课题（11C37）

2013年湖南省普通高校大学生思想政治教育首批示范建设项目(13SF15)

2018年湖南省大学生思想道德素质提升工程省级项目(18GC40)

2018年首批全国党建工作示范高校培育创建项目

2019年国家高等职业院校"双高计划"建设项目

大学生劳动教育

DAXUESHENG LAODONG JIAOYU

王雄伟　　编著

化学工业出版社

·北京·

内容简介

《大学生劳动教育》根据中共中央、国务院印发的《全面加强新时代大中小学劳动教育的意见》和教育部印发的《大中小学劳动教育指导纲要（试行）》要求编著。本书从劳动教育的历史与现实，劳动教育的理论与实践，劳动教育的社会与个人角度出发，分崇尚劳动、弘扬精神、提升技能、劳动实践、培养品质、尊重劳动、劳动发展七个方面进行阐述，帮助大学生把握劳动教育的基本内涵，使大学生理解和形成马克思主义劳动观，培养劳模精神、劳动精神和工匠精神，培养爱岗敬业、诚信友善、遵纪守法、劳动创新的优良品质，提升劳动素养，以培养出德智体美劳全面发展的社会主义建设者和接班人。

本书既可作为高等院校劳动教育必修课程（不少于16课时）的教材，也可作为高等院校教育管理干部、教师、辅导员及班主任的参考用书。

图书在版编目（CIP）数据

大学生劳动教育 / 王雄伟编著. —北京：化学工业出版社，2021.10（2024.9重印）
ISBN 978-7-122-39814-7

Ⅰ.①大…　Ⅱ.①王…　Ⅲ.①大学生-劳动教育-高等学校-教材　Ⅳ.①G40-015

中国版本图书馆CIP数据核字（2021）第174979号

责任编辑：旷英姿　　　　　　　　　　装帧设计：王晓宇
责任校对：王素芹

出版发行：化学工业出版社（北京市东城区青年湖南街13号　邮政编码100011）
印　　装：河北延风印务有限公司
787mm×1092mm　1/16　印张8¾　字数136千字　2024年9月北京第1版第5次印刷

购书咨询：010-64518888　　　　　　　售后服务：010-64518899
网　　址：http://www.cip.com.cn
凡购买本书，如有缺损质量问题，本社销售中心负责调换。

定　　价：29.00元　　　　　　　　　　　　　　　　　　版权所有　违者必究

前言
PREFACE

　　劳动是生活的需要，劳动意识和能力的培养至关重要。德智体美劳全面发展的教育体系，明确了新时代加强劳动教育的必要性和重要性。劳动教育在《辞海》中的解释为"对学生进行热爱劳动和劳动人民、珍惜劳动成果、树立正确的劳动观点和劳动态度、通过日常生活培养劳动习惯和技能的教育活动"。从劳动教育的内容和劳动素养出发，劳动教育在《教育大辞典》中被定义为"劳动、生产、技术和劳动素养方面的教育，目的在于培养学生正确的劳动观点、劳动态度、劳动习惯，使学生获得工农业生产基本知识和技能"。因为劳动价值观是劳动素养的核心内涵，劳动教育也可以定义为以提升学生劳动素养的方式促进学生全面发展的教育活动。在内涵上，劳动教育是一种促进学生身心发展的综合性育人活动；在外延上，劳动教育的范畴涉及劳动价值观的形成、劳动技能的传授、劳动态度的培养、劳动情感的培育等方面。2018年全国教育大会上首次提出把劳动教育纳入培养社会主义建设者和接班人的总体要求之中，历史性地把劳动教育从传统意义上促进青少年全面发展的有效途径提升为重要教育内容，形成德智体美劳全面发展的教育体系，明确了新时代加强劳动教育的思想指引。在社会主义国家，把教育与生产劳动相结合作为实现马克思主义体脑结合、全面发展教育理念的有效途径。

　　劳动教育是遵循马克思主义教育思想的必然要求，是实现立德树人目标的重要途径，开展劳动教育也具有重要的现实意义。"五育"并举，全面贯通，在劳育中发现"五育"、渗透"五育"、落实"五育"，在"五育"中认识劳育、把握劳育、实现劳育。我们一方面要看到劳动教育的独特价值，它关系到青少年劳动素养的培养，这是其他四育无法替代的。生活劳动着重解决个人自理问题，生产劳动侧重解决物质财富创造的问题，服务劳动侧重解决个人与社会的和谐关系问题。另一方面要看到劳动教育的综合育人价值，充分发挥劳动教育的树德、增智、强体、育美作用。劳动教育有助于帮助大学生树立正确的劳动观点、积极的劳动态度，形成尊重和热爱劳动过程、劳动成果和劳动主体的价值观念。"劳动光荣，浪费可耻，不劳动者不得食"是中华民族勤劳奋斗的传统。在养成良好劳动素养方面，劳动教育是劳动和教育的有机融合。劳动教育特别强调：第一，促进学生具备一定劳动知识与技能，成为全面发展的人；第二，发展学习者劳动创新的潜质，成为新时代所需要的劳动创新者；第三，在学习中实践，形成良好的劳动习惯，成为自己动手丰衣足食的有尊严、有素养的新时代公民。通过劳动教育，培养青少年尊重劳动、劳动人民和劳动成果的意识，树立认真、负责、创造性地对待劳动的态度，丰富青少年运用知识技能获得精神财富和物质财富的教育实践，帮助青少年增强合作劳动和独立劳动的能力。

《大学生劳动教育》从劳动教育的历史与现实，劳动教育的理论与实践，劳动教育的社会与个人角度出发，分崇尚劳动、弘扬精神、提升技能、垃圾分类、培养品质、尊重劳动、劳动发展七个方面进行阐述，帮助大学生把握劳动教育的基本内涵，使大学生理解和形成马克思主义劳动观，培养劳模精神、劳动精神和工匠精神，培养爱岗敬业、诚信友善、遵纪守法、劳动创新的优良品质，提升劳动素养。

本书具有以下几个特点：

1. 具有鲜明的思想性，将马克思主义劳动观贯彻始终，强调劳动是一切财富、价值的源泉，劳动者是国家的主人，一切劳动和劳动者都应该得到鼓励和尊重；倡导通过诚实劳动创造美好生活、实现人生梦想。

2. 具有突出的社会性，强调加强学校教育与社会生活、生产实践的直接联系，发挥劳动在个人与社会之间的纽带作用，引导学生认识社会，增强社会责任感，强化担当意识；同时注重让学生在劳动中学会分工合作，体会社会主义社会平等、和谐的新型劳动关系。

3. 具有显著的实践性，面向真实的生活世界和职业世界，引导学生以动手实践为主要方式，在认识世界的基础上，获得有积极意义的价值体验，学会建设世界，塑造自我，实现树德、增智、强体、育美、勤劳的目的。

本书理论结合实际，内容科学，针对性强，并且还具有时代性、专业性、实用性等特点，着力提升大学生的劳动综合素养和劳动能力，以培养出德智体美劳全面发展的社会主义建设者和接班人。

本书在编写过程中，参阅了相关的著作、教材、论文等研究成果，充分借鉴和吸取了部分学者的科研成果，特别是课题研究及示范建设项目。湖南化工职业技术学院提供了理论研究与实践的平台，李菡老师和刘瑛老师负责全书的统稿工作，在此一并表示真诚的感谢！

由于本人水平所限，敬请广大专家、同仁和读者提出宝贵意见。

王雄伟

2021年6月

目录 CONTENTS

第一章 崇尚劳动

- 第一节 劳动简史 / 002
  - 一、手工劳动 / 002
  - 二、机器生产 / 004
  - 三、人工智能生产 / 005
- 第二节 劳动本质 / 006
  - 一、劳动助力学习 / 006
  - 二、劳动源于实践 / 007
  - 三、劳动产生创造 / 007
  - 四、劳动促进职业 / 008
  - 五、劳动实现发展 / 008
- 第三节 劳动观念 / 009
  - 一、劳动观念的内涵 / 009
  - 二、劳动教育的价值 / 013
- 思考题 / 014

第二章 弘扬精神

- 第一节 劳动精神 / 016
  - 一、劳动精神的内涵与发展 / 016
  - 二、劳动精神的基本要素 / 021
  - 三、弘扬劳动精神的价值和意义 / 022
  - 四、劳动精神的培养 / 024
  - 五、努力践行劳动精神 / 026

第二节　工匠精神　/ 028

一、工匠概述　/ 029

二、工匠精神的起源与发展　/ 031

三、新时代工匠精神　/ 033

四、新时代工匠精神的现实意义　/ 037

五、践行工匠精神　/ 038

六、技能竞赛与工匠成长　/ 040

第三节　劳模精神　/ 041

一、劳动模范的含义　/ 042

二、劳模精神的内涵与基本要素　/ 043

三、践行劳模精神　/ 048

四、弘扬劳模精神　/ 050

思考题　/ 052

第三章　提升技能

第一节　职业技能　/ 054

一、职业技能概述　/ 054

二、大学生专业实践　/ 058

第二节　生活劳动技能　/ 060

一、生活与生活劳动　/ 060

二、家务劳动技能　/ 061

三、校园劳动技能　/ 065

第三节　社会劳动技能　/ 067

一、服务性劳动　/ 067

二、大学生开展服务性劳动的类型　/ 068

三、校内志愿服务　/ 069

四、校外志愿服务　/ 071

- 思考题　/ 072

第四章　劳动实践——以垃圾分类为例

- 第一节　分类意义　/ 075
  　　一、垃圾分类的含义　/ 075
  　　二、垃圾分类的价值　/ 077
- 第二节　分类标准　/ 078
  　　一、垃圾分类的政策　/ 078
  　　二、垃圾分类的标准　/ 079
- 第三节　分类操作　/ 081
  　　一、一般垃圾分类操作　/ 081
  　　二、大学校园垃圾分类　/ 083
  　　三、践行垃圾分类　/ 084
- 思考题　/ 085

第五章　培养品质

- 第一节　劳动安全　/ 087
  　　一、劳动安全及责任　/ 087
  　　二、劳动风险及防范　/ 088
  　　三、劳动安全应急处置　/ 089
  　　四、劳动保险　/ 090
  　　五、劳动卫生　/ 090
- 第二节　劳动敬业　/ 091
  　　一、劳动敬业的概念　/ 091

二、劳动敬业的意义　/ 092

　　三、劳动敬业的实现途径　/ 093

●●● 第三节　劳动诚信　/ 095

　　一、劳动诚信的概念　/ 096

　　二、劳动诚信的意义　/ 097

　　三、劳动诚信的实现途径　/ 098

●●● 第四节　劳动勤俭　/ 099

　　一、劳动勤俭的概念　/ 099

　　二、劳动勤俭的意义　/ 100

　　三、劳动勤俭的实现途径　/ 100

●●● 第五节　劳动创新　/ 102

　　一、劳动创新的概念　/ 102

　　二、劳动创新的意义　/ 103

　　三、劳动创新的实现途径　/ 103

●●● 思考题　/ 105

第六章　尊重劳动

●●● 第一节　体面劳动　/ 107

　　一、体面劳动的内涵　/ 107

　　二、休面劳动的建设　/ 108

　　三、体面劳动的价值　/ 110

　　四、体面劳动的基本要求　/ 112

　　五、践行体面劳动　/ 114

●●● 第二节　劳动权益　/ 115

　　一、劳动权益的内涵　/ 116

　　二、大学生劳动权益保护　/ 117

三、合法劳动意识培养 / 119

● ● ● 思考题 / 120

第七章　劳动发展　/ 121

● ● ● 第一节　人工智能　/ 122

　　一、人工智能的发展历史　/ 122

　　二、人工智能的发展类型　/ 123

　　三、人工智能的发展趋势　/ 124

　　四、人工智能与劳动者　/ 124

● ● ● 第二节　未来发展　/ 125

　　一、人工智能与未来劳动　/ 125

　　二、人工智能和未来劳动者　/ 126

　　三、人工智能对未来劳动者的技术技能需求　/ 127

● ● ● 思考题　/ 128

参考文献

第一章
崇尚劳动

劳动是人类生存的基础,更是人类文明进步的源泉。劳动作为一种人类特有的基本的社会实践活动,是人的本质活动,人类通过劳动,改造自然、改造世界、改造自身。《辞海》中给出的劳动定义为:人们改变劳动对象使之适合自己需要的有目的的活动。《中华法学大辞典》解释为:劳动是人类按照预定目的,运用生产工具和其他劳动资料改变自然物,创造出使用价值,以满足自身各种需要的活动。

就一般意义而言,劳动是指劳动者对劳动对象进行加工、生产劳动资料、进而不断创造出某种使用价值的过程。在经济学中,所谓劳动是指人们运用一定的生产工具,作用于劳动对象,创造物质财富和精神财富的有目的的活动。从经济学角度来看劳动是指体力与脑力的支出、使用以及回报。马克思主义认为,劳动是人类社会存在和发展的基本条件,是人维持自我生存和自我发展的唯一手段。劳动创造世界、创造历史、同时也创造人本身。

劳动简史

劳动是劳动者自由发展创造的过程,是使人类社会从野蛮、原始的过去,发展到文明、先进的今天的推动力。没有劳动,就没有人类的生存和发展,就没有人类的今天和明天。在人类社会漫长的历史演进中,从刀耕火种的原始农业时代,到现在的信息化和智能化时代,劳动创造美好生活、劳动促进社会文明进步发展的事实和规律始终没有变化,改变的只是劳动形式。

一、手工劳动

(一)手工劳动简史

劳动不是亘古以来就有的,而是人类生存需要自然长期进化的结果。其中生物进化的直接结果就是类人猿的产生及其特殊生理结构的发展，逐步演变为直立行走，在此基础上有了劳动的萌芽，以及动物本能式的劳动形式。徒手摘取野果，使用天然的石块、树枝、木棒来获取食物，这就是最初的"劳动"和"劳动手段"——动物本能式的劳动及使用纯天然工具。

在动物本能式劳动的基础上，类人猿活动范围逐渐扩大，与此相适应的是身体结构的进化，其行为由最初偶然地、不经常地使用纯天然工具发展到比较频繁地使用天然工具。在使用天然工具的基础上，他们开始偶尔地使用、加工天然工具，日积月累，然后发展到经常地、大量地使用和加工天然工具，以至于后来利用工具来制造工具，进而完成各项生产，这就产生了第二种劳动形式——手工劳动。❶

（二）手工劳动的概念

手工劳动是指从事以手工技能为主的生产劳动，其特点是手工操作的劳动。在远古的原始社会时期，人类就已开始从事简单的手工劳动，如采集野生蜂蜜果实、捕食小型动物、制造简单的生产工具、如石斧、树枝木棒等。工具的产生和运用又不断促进手工劳动的发展，如逐步耕种田地、养殖家禽等。与工业生产方式相比，手工劳动不仅有低投入、低能耗、低污染和小型、分散、灵活、易行、普适等经济技术方面的优势，还有尊重本土文化、博采人文资源、广开就业渠道及丰富劳动形态等社会人文方面的优势。

手工劳动是现代学徒制的萌芽，手工劳动具有完整手艺，以匠人为单位展开，以师傅带徒弟的形式代代传承。手工劳动日出而作、日落而息，在与自然漫长的磨合中生成，它本身蕴含的美，是人类长期从自然中实践形成的。教育部提出的现代学徒制，与传统的手工劳动有异曲同工之处，它是通过学校与企业深度合作，教师、师傅联合传授，对学生实行以技能培养为主的现代人才培养模式。与以往单一的订单班的人才培养模式不同，现代学徒制更加注重技能的传承，由校企共同主导人才培养，设立规范化的企业课程标准、考核方案等。在某种程度上，它是基于校企深度融合的大规模师傅带徒弟的培养模式。❷

---

❶ 教育部职教中心研究所.劳动教育读本[M].北京：高等教育出版社，2021：003.
❷ 教育部职教中心研究所.劳动教育读本[M].北京：高等教育出版社，2021：002.

二、机器生产

（一）机器生产简史

大机器生产在18世纪中后期开始出现，在英国，1733年约翰·凯在纺织工业中发明了"飞梭"。1764年哈格里夫斯发明了的纺纱机，1785年卡特莱特又发明了织布机。19世纪在欧洲主要资本主义国家和美国得到扩展。从18世纪中叶起，蒸汽机的应用有力推动了运输业、机器制造业、冶金工业、煤矿工业等产业的迅速发展，西欧各主要资本主义国家先后从工场手工业逐渐过渡到机器大工业。

（二）机器生产的概念

社会需求日益增长，以原始技术和手工劳动为基础的工场手工业不能满足日益扩大的市场对工业品的需求，逐步产生以机器生产来代替手工操作，这是人类进步社会发展的必然结果。

机器生产与手工劳动截然不同，机器本身的结构性质是生产过程的核心，通过机器对生产过程的整合，人类劳动的不确定性得以消除，生产能力得到进一步提高。机器的应用，减少了产品生产时间，大大提高了劳动生产率，增加了社会财富。马克思认为机器大生产是榨取相对剩余价值的阶段，这一阶段充分表现了资本主义生产关系与生产力的矛盾、无产阶级与资产阶级的矛盾的进一步发展和激化。机器生产有两大基本特征：一是建立在科学技术基础之上，随着科学技术的进步不断更新自己的技术基础；二是高度的社会化大生产，具体表现为生产资料使用过程、工艺生产过程和产品市场实现过程的社会化程度日益提高。机器大生产的出现，标志着科学技术的进步和人类改造自然的重大进展。

机器生产促进现代职业教育的发展，在大机器生产中，生产过程被分为不同的工序，复杂劳动分解为简单劳动，按一定工序和比例组合在一起而形成的总体劳动才能完成产品的生产。劳动者只需要遵循一定的标准，负责其中的一道工序或一个环节。长时间地重复某一固定劳动，会使劳动者的劳动技能逐渐固化在这一特定的岗位上，这就是现代职业人才培养的岗位标准雏形。在这个意义上，机器生产促进了现代职业教育的产生与发展。❶

---

❶ 教育部职教中心研究所. 劳动教育读本[M]. 北京：高等教育出版社，2021：004-005.

三、人工智能生产

（一）人工智能简史

在第一次工业革命，18世纪60年代到19世纪40年代，工厂制造代替了手工作坊，用机器代替了手工劳动，出现了"自动化"，其主要特征是机器自动生产，实现"机器代替人"，在过去完全依靠手工操作的岗位，利用机器进行不间断地大规模生产。第二次工业革命，19世纪60年代后期，促进生产力飞跃发展，"智能化"追求的是机器的柔性生产，其本质是"人机协同"，更加注重机器能够自主配合人和环境进行工作。人工智能的概念形成于20世纪50年代，其发展阶段经历了三个阶段。第一个阶段是20世纪五六十年代注重逻辑推理的机器翻译时代，第二个阶段是20世纪七八十年代依托知识积累建构模型的专家系统时代，第三个阶段是21世纪近10年开始的重视数据、自主学习的认知智能时代。

（二）人工智能的概念

人工智能技术的演进是从弱人工智能到强人工智能。弱人工智能是指人工智能尚未达到人类智能水平，不能离开人类的管理而自行活动；强人工智能是指人工智能已达到人类智能水平，可以像人一样独立设定目标和解决问题。当下的人工智能技术，从本质上来说，仍属于弱人工智能阶段。弱人工智能在工作中并不只是简单地执行命令，而是根据收到的命令，通过概率计算，以相对高效快捷的方式完成任务。弱人工智能技术的出现进一步将人类劳动逐步离开机器机构，它能自主地收集信息，并作出简单判断，进一步在此基础上与其他人工智能或人类进行信息交互。因此，机器可以借助弱人工智能技术彻底摆脱人类手工劳动的束缚，产生更高的生产效率。

（三）人工智能促进职业教育新发展

人工智能技术重构了人与生产的关系，减少了对低端劳动力的吸纳，提高了对劳动力综合素质的要求。同时，人工智能技术使得机械性、重复性的工作岗位逐渐减少，灵活性、个性化、柔性化的服务类工作岗位持续增加，加重了当前国内"就业难"与"招工难"二元并存的现象，给现有的职业教育体系、结构和内容带来巨大挑战。职业教育要实现高质量发展，必须积极深化改革，积极响应就业市场的快速变化，创新职业教育人才培养模式，重构职业教育内容体系，将人工智能与现代职业教育深度有机融合，有效实现职业教育的现代化。❶

第二节 劳动本质

教育与生产劳动相结合的思想，是马克思主义教育学说的重要内涵。马克思与恩格斯认为，劳动创造了价值。在《资本论》中，马克思与恩格斯从劳动价值观的视角对劳动本质进行了探讨，认为劳动本质是基于劳动者立场，以促进劳动者的全面发展为目的。大学生要肩负起中华民族的未来发展重任，实现中华民族伟大复兴的中国梦，离不开"学习、实践、职业、创造、发展"这五个人生关键词，而这些正是马克思主义理论中劳动本质理论不可或缺的要素。厘清劳动与学习、实践、职业、创造及发展之间的内在关系，深入认识和理解劳动的本质，对于大学生树立正确的劳动价值观、促进德智体美劳全面发展，推动我国职教事业的改革和发展，培养社会主义建设者和接班人具有重要的指导意义。

一、劳动助力学习

马克思说，劳动是人类的本质，学习是人类生存的本能。学习是劳动，是充满智慧的劳动。面对飞速发展的现代社会，学习使劳动走向信息化、网络化、数据化、科学化，二者的共生关系越来越紧密。劳动与学习相辅相成，一方面，学习作用于劳动，理论知识指导劳动实践。学习新知识、新技能可以帮助我们更好地从事劳动实践。另一方面，劳动反作用于学习，使学习更有针对性。在劳动实践中，检验学习的理论知识并发现新问题、实践产生新的理论知识，理论知识与劳动实践活动相结合，提升劳动素养和技术技能水

---

❶ 教育部职教中心研究所. 劳动教育读本[M]. 北京：高等教育出版社，2021：006.

平。大学生在学校学习的过程，实质上是知识化的过程，也是劳动化的过程。要培养中国特色社会主义有文化的劳动者，必须实行教育与生产劳动相结合的方式。劳动助力学习主要体现在：一是劳动有助于明确学习目标与任务；二是劳动有助于认识学习的价值与意义；三是劳动有助于探索新的学习方式与途径；四是从心理学的角度来说，劳动有助于缓解学习压力，经常劳动有益于身心健康。

二、劳动源于实践

劳动来源于实践，劳动是实践的一部分。劳动是人类创造物质财富和精神财富的活动，包括体力劳动和脑力劳动；实践是人们有意识地改造自然和改造社会的活动。劳动与实践的结构概念是基本一致的，都有体力和脑力的付出，都能创造物质财富和精神财富。

但要注意，并不是所有的实践都是劳动。劳动是实践的一种，从商品经济的角度来说，劳动专指创造商品的活动，是指那些能够生产出用于交换的劳动产品（商品）的活动。此时劳动的目的性、指向性、功能性更为具体和明确。而实践的范畴更大，人类的社会生产包括商品生产和非商品生产，即使是在商品经济时代，实践也是从非商品实践开始的。

三、劳动产生创造

劳动中孕育出创造，创造的发生离不开劳动。因为创造不是凭空想象，而是在劳动过程中的创新行为。创造的发生是劳动从量变走向质变的过程。劳动本身就是一种创造性的活动，发明成果皆由劳动创造。教育家陶行知曾经说过，在劳力上劳心，是一切发明创造之母。事事在劳力上劳心，便可得事物之真理。这句话充分表明了发明创造与劳动之间的因果关系。如果没有劳动，人类将永远停留在原始、野蛮的远古社会，永远不会创造出现在如此灿烂辉煌的物质财富和精神财富。

劳动者素质对一个国家、一个民族发展至关重要，劳动者的知识和才能积累越多，通过劳动形成的创造能力就越强；要让劳动光荣、创造伟大成为的时代最铿锵的声音；教育孩子们从小热爱劳动、热爱创造，通过劳动和创造播种希望、收获果实，把蕴藏于工人阶级和广大劳动群众中的无穷创造活力激发出来。数以万计的劳动资源为创造提供了动力，并产生更高的效率，

创造更多的物质和精神财富。

四、劳动促进职业

苏霍姆林斯基认为，脱离劳动，没有劳动，就没有、也不可能有教育。劳动教育对于大学生未来的职业发展非常重要。劳动是人类的本质活动，职业是个体与社会建立联系的桥梁，二者的有机结合能使大学生获得关于劳动、职业的基本认知，使其形成初步的劳动情感、职业理想和职业道德，进而为大学生职业规划和人生理想的实现提供指导。同时，从劳动价值来看，良好的劳动习惯和积极的劳动态度可以有效提升学生的职业发展空间。职业教育培养的是面向生产一线、从事专业劳动和专业生产的高素质技术技能人才，其中既包括实体经济中生产物质资料的高素质技术技能人才，也包括服务业中提供生产性服务和生活性服务的高素质技术技能人才。职业教育是劳动教育的专业版，是与劳动操作密切相关的专业教育，其培养目标本身包含工作或劳动技能的培育。因此，职业教育的劳动是与生产实践和专业发展结合起来的，劳动促进人生职业的不断发展。

五、劳动实现发展

劳动是实现大学生"德、智、体、美、劳"全面发展的重要途径，大学生的发展最后都应落实到劳动中来。只有当德、智、体、美践行于劳动中时，人才能真正地实现全面发展。由此可见，劳动在人的终身发展中，特别是在大学生全面、自由的发展过程中起到了至关重要的作用。

人的任何一种思想认识或心理感受，都来源于劳动实践。劳动实践的锻炼越多，认识或感受便越深。通过劳动，人的道德品质能够得到不断提高。同时，劳动还能促进智力发展。现代科学已经证明，良好的动手能力是智力发展的重要基础。各种不同形式、不同内容的劳动，特别是那些比较复杂的劳动，不仅需要大脑下达命令，而且需要人体各器官协调配合，从而实现劳动效率的提高。由此可见，劳动能训练广大学生手脑并用的能力，有利于促进智力的发展。❶

民生在勤，勤则不匮。在中国共产党的领导下，全国各族人民发挥主人

---

❶ 教育部职教中心研究所.劳动教育读本[M].北京：高等教育出版社，2021：012-013.

翁精神，用自己的劳动敬业创造了一个又一个奇迹。因此，从某种程度来说，劳动是发展的基础，劳动成就了发展。而发展也会反作用于劳动，提高劳动效率、变革劳动方式，促进社会的发展。

第三节 劳动观念

劳动观念是人们对劳动的根本看法和基本态度，正确的劳动观念能引导人们树立对劳动实践的科学看法和观点。随着经济的发展和科技的进步，劳动被赋予新的内涵。劳动是创造物质世界和人类历史的根本动力，是一切社会财富的源泉。按劳分配是社会主义市场经济中正义的分配原则，劳动和劳动者是神圣光荣的，不劳而获、少劳多得可耻不义。只有树立正确的劳动观念，才能更懂得尊重劳动人民，更珍惜劳动成果，并以热情饱满的劳动态度积极投入到社会劳动生产过程当中，从而不断提高劳动生产率，为社会创造出更加丰富的物质财富，同时促进个人德智体美劳的全面发展。

一、劳动观念的内涵

（一）劳动创造世界

1. 劳动改造了自然

人类经过长时间的劳动敬业，克服了寒冷、战胜了天灾、充分利用自然界的力量，如热力、水力等，使自然为人类服务。瓦特发明了蒸汽机，把煤燃烧时产生的热力有效地转变为蒸汽机的动力；人类修建了水力发电厂，利用水位差产生的动能进行发电，满足各方面的供给需要。随着技术的进步、劳动的发展，人类越来越了解自然界运动发展的规律，并通过有智慧的劳动，有意识地改造了自然、改造了世界，在地球上永久地留下了人类劳动的痕迹，并开始延伸到宇宙之中。

2. 劳动创造了适宜人类生活的世界

人类劳动有一个根本特点——使用工具和制造工具。人使用工具进行劳动，征服了猛兽、驯养了家畜、改造了植物、种植了农作物、开采矿源并加以冶炼，用工业劳动把原料制作成各种生产工具与生活资料，创造了适宜人类生活的世界。是劳动，建造了今天的万丈高楼；是劳动，筑就了现代化的高速公路和高速铁路；是劳动，让神话故事里的"千里眼""顺风耳"等不可思议的故事变成事实。

（二）劳动创造历史

马克思主义认为，历史是人类通过主观能动性和客观实践创造的。劳动是历史前进的根本动力，人类正是通过劳动不断改进自己的实践能力，提高科技水平，推动社会走向信息化和智能化，从而推动整个历史长河不断向好的方向演变。从哲学的角度看，劳动是主体、客体和意义的集合体。劳动人民创造了物质世界和精神世界，同时劳动人民也是社会变革的主体力量。社会历史的发展为人的发展提供了必要的物质条件和现实基础，人的发展则是社会历史发展的前提和基础，两者相互结合、共同作用，推动整个历史的演变。劳动是人类社会生存和发展的基础，是人类维持自我生存和促进自我发展的唯一手段，更是历史前进的根本动力。

（三）劳动创造人本身

1. 劳动使人从自然界中分离出来

恩格斯指出，古猿通过劳动进化为人，通过劳动进行生产，是生产力形成的标志和历史的开始，劳动是人类生活的最基本的条件。手的使用和语言思维的产生都是在生产劳动过程中形成和不断发展的。正是由于劳动，人类才从自然界千万动物中分离出来，形成了与动物不同的生存方式，所以说劳动创造了人本身。人类社会创造的一切物质文明和精神文明，都是在劳动这一前提下利用和改变自然资源、社会资源的成果。如果人类停止了劳动，就不可能存在，更不可能发展。

2. 劳动是人类生存和发展的决定力量

在劳动的直接推动下，早期人类大体经历了早期猿人、晚期猿人、早期智人或称古人、晚期智人或称新人四个发展阶段。在从早期猿人到晚期智人的发展过程中，人类的脑容量不断增大，体态特征越来越区别于猿而近似于现代人，劳动工具日益多样化，物质生活逐渐丰富，并开始出现原始精神文明。从晚期智人开始，人类逐渐发展成现代世界的各色人种。❶

随着社会的进步、科学的发展，大学生们在未来社会所从事的劳动越来越依靠智力而不是体力，尽管如此，基础劳动总是必需的，脑力劳动不会完全替代体力劳动，劳动有益于身心健康，身体是一切工作生活的基础。如果大学生缺少劳动这一课，将来就很难成长为一个有自我服务能力、有为他人服务意识的社会人。

（四）劳动创造文明

自己动手丰衣足食，就是说通过劳动获得美好生活。在劳动的过程中，人们通过探索发明，改造了劳动工具和生产技术，提高了劳动效率，促进了物质文明的发展。在劳动过程中，人们也创造了宝贵的科学、技术和灿烂的文化成果。人类的思维活动离不开实践活动，而智力的核心是思维能力。实践活动既有学习活动，又有创造活动，而劳动正是兼有学习与创造这两个功能的活动。在劳动中，人们经常会遇到课堂上、书本里没有的问题，这就会引起人们的思考，产生思维活动，人们就要对劳动的结果有所预想，就要设计达到目的的过程。当人们克服劳动中的困难，解决了劳动中的问题，看到了自己的劳动成果，从而获得成功的喜悦和幸福，这将进一步激发求知欲，增进学习兴趣，促进智力发展。而这一过程在其他活动中是难以实现的。专门从事精神劳动的思想家、科学家、艺术家，他们在人类精神生产领域艰苦劳动，辛勤地创造文化、科学、艺术等精神财富。无论时代条件如何样的水平，劳动始终是文明进步的重要源泉。

（五）劳动促进人的成长与发展

人的全面发展是马克思主义理论的主导价值取向，是实现人的解放的最高境界，实现人的全面发展也是马克思主义关于人类社会发展最伟大的理想。人是生产力三要素中最为活跃的因素，只有通过劳动这一途径，人才能从丰富多样的劳动中实现创造性和自主性，进而创造美好生活，真正实现个人与

---

❶ 教育部职业技术教育中心研究所.劳动教育读本[M].北京：高等教育出版社，2021：018-019.

社会的统一，实现人的全面发展。

劳动不仅是一种方式，而且是造就全面发展的人的唯一方法。第一，在劳动过程中，人类的四肢等身体器官及其功能得到了锻炼和发展，正是家庭的劳动锻炼，对人们未来熟练运用技术具有十分重要的意义，人类的智能素质，如观察力、思维能力和创造力等得到了发展。第二，劳动能够培养和发展人的道德品质，提高人的精神境界。大学生是未来社会的主人。在科学技术日新月异的未来社会，要求人们具备多方面、多层次的劳动能力和勤奋工作的态度才能适应。通过劳动，我们不但能形成艰苦奋斗、吃苦耐劳、坚强不屈的优秀品质，而且能养成艰苦朴素、勤俭节约的良好习惯。第三，劳动与个人的成才、事业的成功紧密相关。不论大学生将来从事什么工作，都需要有动手的技能技巧，这与知识的掌握有联系又有区别。它可以锻炼我们的能力，磨砺我们的意志，强化我们自强、自信、自立的意识。这一切都是我们走上社会后建功立业、实现个人全面发展的必备素质。❶

（六）劳动增强责任感和义务感

培养大学生的社会责任感和义务感是品德教育的关键问题。在科学技术日新月异的未来社会，人们必须具备多方面、多层次的劳动能力和勤奋工作的态度才能适应。大学生承担力所能及的家务劳动、校园及社会的公益劳动，就能在不断实践中逐渐认识到自己是家庭、校园和社会中的一个重要成员，并且知道自己应当做对他人有益的事，应当按照规定的要求和时间完成自己该做的工作。而没有这样的劳动锻炼，是很难有这种责任感和义务感的。

（七）劳动影响价值观

社会主义核心价值观倡导爱国、敬业、诚信、友善的基本内容都是从劳动中逐步形成的。大学生如果把劳动素养培育摆在重要位置，并付诸实践，就会很自然地体会到劳动对自己成长的特殊作用，而如果在家庭、学校和社会生活中缺少劳动机会，缺乏最基本的劳动锻炼，当大学生走向社会的时候，其不良的劳动价值观就会凸显出来，影响大学生的职业发展。大学生的劳动观念、劳动态度、劳动习惯、独立能力、掌握劳动的技能技巧、理解劳动中自己所扮演的角色与人际关系等，在很大程度上是从校园学习劳动生活中形

---

❶ 教育部职业技术教育中心研究所.劳动教育读本[M].北京：高等教育出版社，2021：017-020.

成与获得的。大学生在进入社会之前接触一些力所能及的家务劳动、校园劳动和社区劳动等，对进一步了解社会生活、参加社会劳动是非常必要的。

（八）劳动创造人生的幸福

劳动带来人的满足感、快乐感、实现感、奉献感和存在感。劳动为人生创造生存和发展的物质条件、文化条件和精神条件，劳动带来个人和家庭的幸福。唯有劳动能使人生致富，唯有劳动能使人生幸福。❶

二、劳动教育的价值

（一）促进大学生树立社会主义核心价值观

劳动是一切历史存在的基本条件，是人类赖以生存和发展的决定力量。树立正确的劳动观念，有利于大学生真正认识到劳动创造人类社会的本源性价值，树立正确的人生观和价值观，践行社会主义核心价值观。树立正确的劳动观念，有助于大学生爱岗敬业、热爱劳动、尊重劳动，激发学习热情和创新精神，真正认识到劳动是生命意义和生命价值实现的唯一途径，认识到劳动是物质财富和精神财富创造的源泉，幸福都是通过劳动拼搏奋斗出来的。

新时代的大学生要将日常劳动生活与人生理想追求紧密结合，在劳动创造中实现远大理想和个人目标，自觉把人生价值的实现融入国家富强、民族振兴的伟业之中，实现个人与集体、个人与国家的融合发展，真正树立依靠劳动敬业、诚实劳动、劳动创新获取人生财富，实现人生价值的正确思想观念，从而为走出校园后的人生之路奠定良好的职业发展观。

（二）促进大学生形成积极向上的就业创业观

尊重劳动，坚持爱岗敬业的工作态度，是践行社会主义核心价值观的要求和具体体现。培育新时代大学生的劳动精神，能够使大学生真正理解人民创造历史，劳动开创未来，劳动是推动人类社会进步的根本力量的意义，正是因为中国人民的劳动创造，我们才拥有今天的幸福生活。通过弘扬劳动精神，大学生要扎扎实实干事，踏踏实实做人，培养积极主动的岗位意识、职业意识、进取精神和创新精神。中国有句古语"三百六十行，行行出状元"，

---

❶ 王官成 徐飙. 劳动教育和职业素养训练[M]. 北京：中国人民大学出版社，2020：14.

今后无论处于什么岗位，大学生们都能在工作中充分发挥积极性、主动性和创造性，通过自己的劳动收获幸福感、在创造物质财富的同时，提升自我的精神境界。❶

大学生要切实结合自身实际情况，立足平凡岗位的成功之路。树立正确的劳动观念，才能形成积极向上的就业观和创业观。正确的劳动观念能够培养大学生优良的品质，实现大学生的积极就业，解决当前大学生在就业过程中出现眼高手低、难以胜任工作等问题。树立正确的劳动观念能够帮助大学生正确认识社会劳动分工的本质，消除劳动差别观，建立劳动平等观，促进大学生积极到基层就业、加强锻炼，为以后的职业发展和人生发展打下良好基础。正确的劳动观念能够培养大学生吃苦耐劳的劳动精神和创新精神，促进大学生的自主创业。

（三）促进大学生感受时代精神力量，实现全面发展

大学生的全面发展对实现中华民族伟大复兴的中国梦有着重要作用，社会主义合格的建设者和接班人本质上是"以劳动实现中国梦"的劳动者。要引导新时代大学生确立劳动最美的观念，使他们真正感受到劳动本身所激发出的品德光辉和精神光辉，体验到劳动者在劳动中所体现的精益求精、专注执着、无私奉献、创新创造的宝贵精神，体验到高标准高品质的追求和敬业之美、创造之美的价值升华。树立正确的劳动观，有利于大学生在劳动中增强体魄、磨炼意志、提升人格品质，实现以劳树德、以劳增智、以劳健体、以劳育美的目标。❷

 —————— **思考题**

1. 简述劳动本质理论的五大要素。
2. 简述劳动创造人本身的涵义。

---

❶ 聂峰 易志军.新时代劳动教育教程[M].北京：电子工业出版社，2020：37-38.
❷ 王官成 徐飙.劳动教育和职业素养训练[M].北京：中国人民大学出版社，2020：15.

第二章
弘扬精神

劳动创造了一切物质和精神财富。劳动精神是成为合格劳动者的基础，工匠精神是成为优秀劳动者的核心竞争力，劳模精神则是广大劳动者的模范。在长期实践中，我们培育形成了崇尚劳动、热爱劳动、勤俭劳动、诚实劳动和劳动创新的劳动精神，执着专注、精益求精、一丝不苟、追求卓越的工匠精神，爱岗敬业、争创一流、艰苦奋斗、勇于创新、淡泊名利、甘于奉献的劳模精神。劳动精神、劳模精神、工匠精神是以爱国主义为核心的民族精神和以改革创新为核心的时代精神的生动体现，是鼓舞全党全国各族人民克服万难、勇敢前进的强大精神动力。

第一节 劳动精神

劳动的过程中，就会存在和产生劳动精神，这与马克思主义劳动观是一致的。劳动创造了人类，创造了物质财富，创造了社会关系，创造了美，劳动也创造了精神。人们在长期的劳作过程中发现，只有勤奋劳动，才会收获丰厚的果实。只有热爱劳动，才会享受到心情的愉悦。只有尊重劳动和珍惜劳动成果，才会有成就感和满足感。勤奋诚信的品质、热爱劳动的态度、尊重劳动和珍惜劳动成果的理念被劳动者所认可，并通过言传身教代代传承下来，最终形成广大劳动者共识的劳动精神。

一、劳动精神的内涵与发展

劳动精神是与人们的职业活动紧密联系、具有自身职业特征的精神，这种心理特征是在特定职业环境下所必备的，也是逐渐养成和习得的，与所从事的职业特征紧密相连，既具备职业的特殊性，也具备一些共性的基本职业素养。

劳动推动了人类社会进步，创造了人们的幸福生活。劳动精神是每一位劳动者在创造美好生活的过程中的劳动态度、劳动能力、劳动观念以及时代精神风貌。即从事这种劳动该具备的精神、能力和自觉。劳动精神是关于劳动的理念认知和行为实践的集中体现，在理念认知上表现为全社会尊重劳动、崇尚劳动、热爱劳动；在行为实践上表现为劳动者勤俭劳动、诚实劳动、创造性劳动。

（一）中华传统文化中的劳动精神

劳动精神是中华民族在创造历史中凝聚而成的精神品质。千百年来，黄河和长江以源源不断、生生不息的河水滋润了亿万亩肥沃的良田，造就了中华五千年文明。我国古代劳动者正是在农耕过程中凝聚形成了乐观进取的精神状态、勤俭耕耘的精神品质、热爱劳作生活的精神面貌。辛勤的品质、热爱劳动的态度、尊重劳动和珍惜劳动成果的理念被劳动者所认可，成为代代传承的劳动精神。

"锄禾日当午，汗滴禾下土。谁知盘中餐，粒粒皆辛苦。"唐朝诗人李绅写的这首《悯农》朗朗上口。前两句形象地描绘了唐朝时期，劳动人民辛勤农耕的场景，具有强烈的画面感。可以想象出这样的画面：在烈日炎炎的午后，一个农民拿着锄头给禾苗松土除草，烈日之下，他额头的汗水一滴滴地往下流，与土地融为一体。"锄禾"是劳动的过程，"汗滴"是劳动者的汗水在劳动时状态的外在体现。后两句是中国传统的治家格言，用强烈的对比手法表达出了"尊重劳动者、珍惜劳动成果"的精神品质。将人们每天都接触的"盘中餐"与农民的辛勤汗水联系起来，展现了农民在劳作过程中辛劳与朴实的精神。

劳动精神是中华民族在创造历史中凝聚而成的精神品质。千百年来，源源不断、生生不息的黄河和长江滋润了亿万亩肥沃的良田，创造了中华五千年的文明。王维在《春中田园作》中写道："屋上春鸠鸣，村边杏花白。持斧伐远扬，荷锄觇泉脉。"春天来了，斑鸠早早飞来村庄，在屋檐不时鸣叫，村中的白色杏花也早早盛开。农民听到斑鸠的鸣叫，看到雪白的杏花，按捺不住拿起斧子开始修剪桑枝，扛起锄头去察看泉水的通路。古时候，这种劳动被叫作整桑理水，是经冬以后最早的一种劳动，拉开了整年农事的序幕。

（二）社会主义新时代劳动精神

新时代劳动精神是中国劳动人民为创造美好生活、实现中国梦在劳动过程中秉持的劳动态度、劳动理念、劳动技能以及展现出的劳动精神风貌。在

马克思主义指导下,广大劳动者根植于中国特色社会主义实践沃土,继承中华优秀传统文化,形成了中国特色社会主义劳动精神。新时代劳动精神,呈现尊重劳动的价值导向性、劳动创造的实践创新性、劳动光荣的精神幸福性,是全社会对新时代劳动的实践礼赞。❶

新时代劳动精神内涵丰富,彰显了马克思主义劳动观中国化和中华民族传统劳动理念的延续。

1. 热爱劳动

热爱劳动就是要爱岗敬业。"爱岗"的价值在于"做事""敬业"的意义在于"奉献"。我们在劳动过程中应尽其所能爱岗敬业,通过劳动创造属于自己的幸福,实现自己的人生价值,热爱劳动、爱岗敬业、奉献社会。

劳动是财富的源泉,也是幸福的源泉。劳动满足了人们对于温饱的需求,也提升了生活品质,更缔造了人类的幸福。从两弹一星、杂交水稻到基因组芯片,从第一代计算机银河到今天的互联网大数据,这是无数劳动者爱岗敬业的成果。清洁环卫工人爱岗敬业,奉献了我们生活环境的干净美丽;产业工人爱岗敬业,带来了企业不断发展,为富民强国提供了雄厚的物质基础……我们应尽其所能爱岗敬业,在平凡的岗位上做出力所能及的贡献。

"干一行爱一行"是一种优秀的职业品质,是我们应该遵从的基本价值观,是一种明智的人生选择和追求。一个人能否脱颖而出,优秀的能力固然重要,更需要积极进取的态度。"干一行爱一行"告诉我们要有百折不挠的精神,一个人要达到事业、人生的顶点必定要经历系列的磨难,山再高,每天坚持攀登,终能登顶。每克服一个困难,自身的水平就上升到一个新的高度,同时距离成功就又近了一步。

劳动精神是美好生活的原动力。我们的幸福生活离不开父母的劳动,更离不开各行各业劳动者的爱岗敬业。任何人的劳动,都理应受到称赞;任何人的劳动,都应该得到尊重。

2. 勤俭劳动

勤俭和节约是中华民族传统美德,也是最原始的劳动精神。勤俭和节约是中华民族在五千年的历史长河中凝聚而成的劳动精神。在新时代,勤俭和

---

❶ 彭远威,张锋兴,李卫东.高职生劳动教育教程[M].桂林:广西师范大学出版社,2020:58-59.

节约的劳动精神对中华民族更加重要，它体现了中华民族在新时代的生活态度、精神风貌和民族品质。

勤俭劳动主要表现为努力创造物质和精神财富，朴素节约，珍惜劳动成果。勤劳节俭是中国人最基本的道德规范之一，无论从国家、社会还是个人层面都应该是大学生的精神追求。"劳动是幸福的左手，节俭是幸福的右手"，我国劳动人民在长期的实践中，懂得了勤劳与节俭的辩证关系，他们既能吃苦，又能克勤克俭。勤劳与节俭是一对孪生兄弟。老子在《道德经》中说："俭，故能广。"在《论语》中，孔子也认为奢华就会显得不谦逊，节俭则会显得朴素。正是在这种美德滋养下，才构筑了生生不息、源远流长的华夏文明。纵观世界历史，大到邦国，小到家庭，无不是兴于勤俭，亡于奢靡。勤劳节俭的精神也是中华民族屹立于世界民族之林的核心竞争力。作为当今大学生生活劳动之中，要珍惜每一粒粮食，每一滴水，每一度电，以勤俭遏制奢靡，学会劳动，学会勤俭。

3. 诚实劳动

诚实劳动是劳动敬业的表现，也是劳动创新的前提。诚实友善是社会主义思想的基本内容之一，我们崇尚劳动、尊重劳动，更要认真地付出劳动、从事劳动。以诚为先、以诚为重、以诚为美，才是劳动应有之义。人生中的美好向往，只有通过诚实劳动才能实现；社会发展中的各种难题，只有通过诚实劳动才能破解；生命里的价值目标，只有通过诚实劳动才能实现。

普通人的劳动有尊严，平凡的劳动有价值。劳动不仅可以创造价值，也是人们实现自我认同和社会认同的过程。每个人都可以是"平凡英雄"，在平凡的岗位上坚守，就能造就"不平凡"；在普通人的位置上努力，也能变得"不普通"。劳动创造了产品，创造了美，创造了社会，创造了自己的生活，也创造了他人的生活。

诚实劳动，是每一个劳动者尽己所能的劳动，是每一个劳动者内心与言行一致的最好诠释。诚实劳动，是每一个劳动者朝着同一个梦想而努力奋斗，是每一个劳动者为了美好明天而真诚地付出。建筑工地上挥洒汗水的工人，田野里辛勤耕种的农民，严寒酷暑下指挥交通的警察，三尺讲台上讲授知识的教师，埋首实验室苦心钻研的科学家……我国的辉煌成就，就是大家用诚实的劳动铸就的。没有诚实的劳动，就没有创新创造；没有诚实的劳动，就没有我们今天的幸福生活。诚实劳动，是创造"中国奇迹"的源泉和动力，

是迎接挑战、战胜困难的法宝利器，是焕发劳动热情和创新活力的基础，是走向幸福生活的必由之路。❶

靠自己的劳动生活才最踏实。"空谈误国，实干兴邦"，实干首先就要脚踏实地劳动。只有通过不断挑战自我，才能不断创新发展。任何时代，任何社会，社会财富的增长主要来源于诚实劳动。每个诚实劳动的人都应该受到尊敬，劳动光荣，劳动伟大，每个踏实做人的人都应该得到尊重。

4. 奋斗创新

奋斗和创新不是新时代才有的，它们同样是中华民族在璀璨历史中凝聚而成的劳动精神，是我们不断继承和发展而来的。奋斗与创新是相辅相成的，一切劳动，无论是体力劳动还是脑力劳动，都值得尊重和鼓励；一切创新，无论是个人创新还是集体创新，也都值得尊重和鼓励。奋斗意味着一种回归，即对劳动的尊重。新时代是平凡劳动者做主角的时代，而奋斗正是劳动者的精神品质。新时代的劳动者不是普通意义上的劳动者，他们是具有文化自信的劳动者，是精神生活丰富盈的劳动者。劳动不仅是生存的需要，更是拥有幸福人生、完成自我超越、实现社会价值的需要。社会主义事业大厦是靠一砖一瓦砌成的，人民的幸福是靠一点一滴创造得来的。在新时代，实现中国梦不是靠"空谈"，而是要"撸起袖子加油干"。南泥湾的开荒，超级稻的攻关，把浩瀚原野变成万顷良田，让十几亿中国人把饭碗牢牢端在自己手里。华为的探索、中国中车的突破、北京中关村的创新创业，推动"中国制造"不断迈向"中国创造"。中国的劳动者中既有"出大力流大汗""苦干加实干"的劳动模范，又有知识型、专业型、技能型、创新型的先进典型，他们的事迹在历史发展的长河中画上了浓墨重彩的一笔，他们身上所体现的劳动精神始终熠熠生辉。

奋斗和创新是新时代中华民族显著的劳动精神。新时代中国要发展，就需要有创新和奋斗的劳动精神，它们体现了新时代中国人民为实现中华民族伟大复兴的中国梦的决心和毅力。要树立"三百六十行，行行出状元"的科学人才观，要广泛开展劳动竞赛、技术比武和岗位建功活动，引导广大劳动者热爱岗位、提升技能，焕发创新活力、释放创造潜能，为劳动托起中国梦做出新贡献。宏大的中国梦，需要无数最平凡的劳动者尽自己最大的努力兢兢业业地筑造，必须牢固树立劳动最光荣、劳动最崇高、劳动最伟大、劳动最美丽的观念。崇尚劳动，造福劳动者，进一步激发亿万人民的劳动热情，

---

❶ 教育部职业技术教育中心研究所. 劳动教育读本[M]. 北京：高等教育出版社，2021：051-052.

通过劳动创造更加美好的生活。❶ 创新不是天上掉馅饼，而是中国劳动人民在勤勤恳恳的工作中改变思维、探索未知、追求突破的结果。

二、劳动精神的基本要素

社会主义劳动精神是由多种要素构成的。这些要素分别从不同方面反映着社会主义劳动精神的特定本质和基础，同时又相互配合，形成严谨的劳动精神模式。

（一）劳动理想

社会主义劳动精神所提倡的劳动理想，是主张社会主义社会的劳动者应该把服务社会放在首位，努力做好本职工作，全心全意为人民服务、为社会主义服务。这种劳动理想，是社会主义劳动精神的灵魂。一般说来，从业者对劳动的要求可以概括为维持生活、完善自我和服务社会三个方面，只有从服务社会的整体利益出发，从事社会所需要的各种劳动，社会才能顺利地前进和发展，全社会才能过上幸福美满的生活。

（二）劳动态度

树立正确的劳动态度是劳动者做好本职工作的前提。爱岗敬业、诚信友善是社会主义核心价值观的基本内容，劳动态度具有经济学和伦理学的双重意义，它不仅揭示劳动者在劳动生活中的客观状况，参与社会生产的方式，同时也揭示劳动者的主观态度。其中，与劳动有关的价值观念对劳动态度有着特殊的影响。一个劳动者积极性的高低和完成劳动质量的好坏，在很大程度上取决于他的劳动价值观念，劳动态度要践行社会主义核心价值观。

（三）劳动责任

劳动责任包括劳动团体责任和劳动者个体责任两个方面。现代企业制度不仅正确划分了国家与企业的责、权、利，并将三者有机地结合起来，而且也规定了企业与劳动者的责、权、利。自觉树立劳动责任意识，在劳动者的劳动生活中起着巨大的作用，贯穿于劳动行为过程的各个阶段，成为劳动者

---

❶ 教育部职业技术教育中心研究所. 劳动教育读本[M]. 北京：高等教育出版社，2021：054.

重要的精神支柱。要促使劳动者把客观的劳动责任变成自觉履行社会主义的道德义务，这是社会主义劳动精神的一个重要内容。

（四）劳动技能

在社会主义现代化建设中，职业对劳动技能的要求越来越高。不但需要科学技术专家，而且迫切需要受过良好职业技术教育的高、中、初级技术人员、管理人员、技工和其他具有一定科学文化知识和技能的熟练劳动者。没有这样一支高素质技术技能劳动者大军，先进的科学技术和先进的设备就不能成为现实的社会生产力。各级科技人员之间以及科技人员和高素质技术技能工人之间都应有恰当的比例，生产建设才能顺利进行。良好的劳动技能具有深刻的劳动精神价值。

（五）劳动信誉

劳动信誉是对劳动行为的社会价值所做出的客观评价和正确的认识，是劳动行为的价值体现或价值尺度。同时，劳动信誉又要求劳动者提高劳动技能，遵守劳动纪律。社会主义劳动精神强调劳动信誉，更重视把社会的客观评价转化为劳动者的自我评价，促使劳动者自觉发扬社会主义劳动精神，自觉践行社会主义核心价值观。

（六）劳动作风

劳动作风是劳动者在劳动实践中所表现的一贯态度，从总体上看，劳动作风是劳动精神在劳动者劳动生活中的习惯性表现。社会主义劳动作风具有潜移默化的教育作用，劳动集体有了优良的劳动作风，劳动者就可以互相教育，互为榜样，形成良好的劳动风尚。❶

三、弘扬劳动精神的价值和意义

自古以来，热爱劳动、珍惜劳动成果，是中华民族传的统美德。在劳动实践中，大学生传承中华民族勤劳俭朴的品质和艰苦奋斗的美德，培植家国情怀，在劳动精神驱动下，具有爱国之情、报国之志，成为建设之才，使中

---

❶ 王官成 徐飙.劳动教育和职业素养训练[M].北京：中国人民大学出版社，2020：102-104.

华民族伟大复兴中国梦在一代又一代的接力奋斗中变为现实。

（一）劳动精神是中华民族得以生存和发展的精神追求

中华民族是以辛勤劳动著称的民族，劳动精神孕育于劳动实践中，凝聚了中国优秀传统文化、革命文化和社会主义先进文化，并在追梦的新时代不断传承，创新和发展，继续书写着中华民族的辉煌历史。劳动精神反映了中华儿女勤劳创造、艰苦奋斗、热爱劳动、崇尚劳动、尊重劳动，珍惜劳动成果的精神面貌、价值追求和优良品德，成为中华民族独特的精神特质，是中华民族得以生存和发展的精神追求，也是中国人树立文化自信的历史基点。

（二）劳动精神是弘扬社会主义核心价值观的内在需求

新时代是百年未有之大变局的时代，我们面临着诸多挑战。随着全球化的深入开展以及我国改革开放的不断推进，国外各种思潮涌动，一些错误思想思潮涌入中国，对当代大学生的世界观、人生观和价值观也带来了一定冲击。一些大学生受不良思想和思潮影响，误入拜金主义、享乐主义、极端个人主义的迷阵，产生了享乐主义、极端个人主义等错误的思想观念，如：认为要及时行乐，于是好吃懒做，不务正业，想不付出劳动就坐享其成；以个人利益为出发点和归宿，把个人利益置于集体利益之上，不顾他人感受，不尊重他人的劳动，不珍惜集体的劳动成果等。这些都是错误的思想观念，它们割裂了个人与社会、贡献与索取的关系。金钱作为劳动人民劳动的一种回报方式，是受劳动人民支配的对象。享乐主义否定了劳动的过程和意义，只有经过努力、付出、拼搏获得的快乐，才能持久，才有成就感和荣誉感。极端个人主义彻底将个人与社会分离，否认了人的社会属性，从而间接否定了劳动实践的意义，它破坏社会价值，也使人无法实现个人价值。

弘扬劳动精神，是抵制这些错误思想思潮，树立正确的世界观、人生观和价值观的法宝之一。新时代需要劳动精神，是国际形势多变而复杂的外在要求，是弘扬社会主义核心价值观的内在需求，也是实现中华民族伟大复兴中国梦的主体需要。

（三）劳动精神成就大学生的精彩人生

"社会主义是干出来的，新时代也是干出来的。"这句话简单明了地阐释

了新时代劳动精神的真义。精彩人生不是想象出来的,是通过勤劳奋斗、努力拼搏而来的。是大学生在校刻苦学习、勤奋读书、努力钻研的结果,是在工作中爱岗敬业、兢兢业业、脚踏实地的结果,是在生活中热爱劳动、尊重劳动、珍惜劳动成果的结果。

不同的人在不同的成长阶段,对精彩人生的理解是不同的。精彩人生要放在一定的历史条件和时代背景下讨论才有意义。要深入理解精彩人生,应该从个人价值与社会价值的关系出发去寻找答案。社会是人类在实践过程中形成的各种联系和关系的总和,社会来源于个人的活动,并在个人的活动中形成。社会活动和发展要以社会发展为前提和背景。个人不可能离开社会而生存,而离开了人,社会也就不存在了。新时代大学生正处于"追梦时代",应当把个人梦想与中国梦紧密结合在一起,投身到社会主义现代化建设的实践中。积极参加劳动,努力工作,爱岗敬业,勤俭节约,奋斗创新,弘扬劳动精神,争当时代先锋,在追梦中实现自我价值,最终实现社会价值与自我价值的统一。

大学生应该传承中华民族优秀传统,传承勤俭、节约、奋斗、创新的劳动精神,树立正确的劳动观,形成优良的劳动品质,实现社会价值和个人价值双赢,成就精彩人生。❶

四、劳动精神的培养

中国人的劳动精神代又一代地传承着,树立正确的劳动价值观,弘扬劳动精神,是大学生必须坚守的一种精神追求,也是建立文化自信的一个重要因素。作为新时代大学生,要把自己的前途和国家命运紧密联系在一起,传承和弘扬劳动精神,脚踏实地,辛勤劳动,不负韶华,砥砺前行。

(一)知行合一,理论与实践相结合

理论知识的学习会让大学生在认知层面了解什么是劳动精神,怎么样培养劳动精神。在实习实训过程中,大学生可以获得其他任何渠道都无法获得的道德实践与体验,尤其是体悟自己未来所从事职业、所在岗位要求的劳动精神。在实习实训过程中,大学生能深刻体会企业文化的魅力,能更进一步理解高效的工作、团结的队伍、进取的精神、敬业的态度等都是决定企业前

---

❶ 彭远威,张锋兴,李卫东.高职生劳动教育教程[M].桂林:广西师范大学出版社,2020:62-63.

进的因素。在企业见习和社会实践中，大学生能真正感受到企业领导人的领导才干和人格魅力，加深对职业人的形象认识，对未来职业会有更明确的认知，巩固对劳动理想、劳动态度、劳动纪律等诸多因素的理解。通过参观、实习、见习、志愿活动等形式培养大学生的劳动精神，使自己提前认识到劳动精神对于一个人职业生涯的重要性。

（二）自我教育，和谐统一

1. 加强思想道德素质和心理素质

思想道德素质是劳动素质的灵魂，包括劳动者的政治态度、理想信念和价值观念，给予劳动者正确的行为方向，坚定明辨是非的立场。心理素质是劳动者的基础素质，包括认知、感知、记忆、想象、情感、意志、态度和个性特征，劳动者要达到精力旺盛、坚韧不拔、乐观向上等基本要求。

2. 养成良好的劳动习惯

拥有正确的劳动意识并不等同于拥有良好的劳动习惯，任何劳动者的劳动精神都能在日常的工作中得以展现和流露，甚至包括个人的生活习惯也会在劳动生活中表现出来，成为个人劳动精神和劳动素养的真实写照，因此大学生必须从平时的学习、生活和工作的细节做起，将劳动精神融入平时的学习生活并贯穿始终，自觉培养良好的劳动习惯。

3. 塑造和谐统一的自我环境

大学生是自我教育的主体性，在受教育的过程中，平等互动地接受劳动精神的培养，最大限度地发挥自身潜能，从自身做起，积极调动自己的主动性。坚持通过自身的信念和实际行动影响周围人，将这种真实的感染力和影响力由点及面、由小及大地传播出去，促进身边的人提高自我教育能力。

（三）学好专业技能，培养自身劳动素养

在大学生的学习生涯中，在接受学校理论知识传授和实训教育的同时，也要注重自身劳动素养的内化和自我素质的提升，增强劳动竞争力。大学生要充分地了解自我，认识自我，发掘自己的兴趣。同时又要知晓自己所学专业对应的相关行业的劳动素养，在校期间能有意识地进行自我培养。

1. 学好专业知识和技能

显性劳动素养来自于专业知识和技能。要利用学校的教育资源，学好专业知识和技能，认真刻苦、勤于苦练，学好专业基础课程，加强对专业知识和技能的运用，注重专业能力的培养，为自己的专业技术进一步提升打下坚实的基础。要培养良好的学习生活习惯，利用课外业余时间参加各种学术讲座和学生讨论会，多读课外书，提升自己的文化修养。

2. 明确职业生涯规划

隐性劳动素养来自于个体的职业道德、职业情感和职业态度等方面。大学生首先要在自我认识和了解专业的基础上，并在教师的指导下明确专业学习的方向，制定切实可行的职业生涯规划，树立崇高的人生目标，并为之坚持不懈地努力。其次，要树立正确的劳动态度和劳动意识。其中包括做好步入社会的心理准备，培养胜任工作的信念，学会用平和的心态，从点滴做起、从基层开始，积极勇敢地看待挫折与批评，不怕困难、不怕磨炼，学会从别人的批评中清楚客观地看待自己，不断提高自己的职业竞争力，不断增强自己的社会责任使命感。

3. 积极参加社会实践

大学生要积极主动参加团体活动和社会实践活动，创造机会培养自身的劳动素养。通过实践活动，增强自身的合作、沟通、组织策划能力，在实践活动中弥补自己在劳动素养中的不足之处，使自己的劳动素养不断提升。总之，大学生理应做好良好的职业生涯的规划，并通过亲历实践和体验，最终把职业规范内化成为自身的道德素养，使自身的劳动素养不断升华。

五、努力践行劳动精神

马克思主义关于人的全面发展观强调，造就全面发展的人的唯一方法就是教育和生产劳动相结合。对于劳动精神的培养，需要将理论付诸实践，在实际行动中践行劳动精神，是培养和检验人才质量的根本。

（一）勤学尚德

勤学尚德是新时代大学生弘扬劳动精神的基本要求。首先，劳动精神需要大学生将道德修养放在首位。用人之道在于德才兼备，以德为先。道德修养与劳动精神相辅相成。大学生在践行劳动精神过程中，要将服务精神、担当精神等放在首要位置。大学生要树立远大的理想，将劳动目的与祖国的命运和前途联系起来。有崇高理想的劳动，才能获得成就感和幸福感。其次，劳动精神的精髓在于勤。勤于学习、勤于发问、勤于实践。勤奋努力的过程也是劳动精神的践行过程。大国工匠的养成绝非一日之功，无论什么时候，大学生都需要以谦卑之心，勤学好问。大学生要勤学，练就真本领。学习是每个大学生的主要任务，没有人能随随便便成功，只想坐享其成，最终必是竹篮打水一场空。只有静下心，勤奋读书，钻研技术，磨炼意志，练就真本领，才能够实现远大理想。大学生要尚德，就是要培养自身的道德品质。有真本领，可以让别人服你，但有品德，才能让别人尊重你。

勤学尚德一直以来都是中华民族的优良传统。屈原洞中苦读三年，终成伟大诗人；陆游书巢勤学，勤于创作，一生留下了九千多首作品，成为我国历史上一位杰出的大文学家；顾炎武以过人的毅力手抄《资治通鉴》，成为一代大学者。中华民族能够创造五千年的辉煌历史，绝不是偶然的，而是代代相传的中华儿女艰苦学习、发奋图强的结果。

实现中华民族伟大复兴，要靠每一个大学生志存高远、勤学苦练、修德修业。只要大学生守护中华劳动伦理的深厚底蕴，继承并弘扬劳动精神，坚韧不拔，自强不息，必将开创美好未来，创造伟大历史。

（二）大公无私

大公无私是新时代大学生弘扬劳动精神的意识体现。新时代大学生是中国劳动者中不可分割的一部分，是实现中华民族伟大复兴中国梦的中坚力量。新时代大学生也正在用实际行动彰显着新时代劳动精神。

2020年，面对新冠疫情，全国医疗单位的青年医生、护士纷纷写下"请战书"，那一句"若有战，召必回，战必胜"的青春宣言，彰显了新时代青年人的责任与担当。他们用行动让世界看到"中国青年的速度，中国青年的力量，中国青年的精神"。除了青年医疗队，有无数大学生选择逆行向前，主动承担体温监测、站岗、装卸货物、给隔离家庭送物资、倒垃圾等任务。在与疫情的较量中，无数大学生以必胜的决心，大公无私彰显着新时代新青年的热血担当。党的十九大报告指出："青年兴则国家兴，青年强则国家强。青年一代有理想、有本领、有担当，国家就有前途，民族就有希望。"而今天，

无数逆行向前的大学生，放弃安全区、舒适圈，将所学用于实践，大公无私，以实际行动弘扬着新时代可贵的劳动精神。

（三）实干兴邦

实干兴邦是新时代大学生以实际行动弘扬劳动精神的具体路径。德不可空谈，道不能坐论。直面培养劳动精神途中产生的一切问题，夯实基础，坚韧不拔，则滴水可以穿石。新时代大学生要将自己的前途与国家命运联系起来，树立远大理想和抱负，以实干兴邦作为自己学习、生活、工作的座右铭，志存高远，坚定踏实，奋发向上，为国家做贡献。实现中华民族伟大复兴是一项光荣而艰巨的事业，需要一代又一代中国人共同为之努力。空谈误国，实干兴邦。新时劳动精神是中华民族在追梦的实践中展现的精神风貌，这种精神风貌可以用四个字来形容，即实干兴邦。

实干兴邦是新时代劳动精神的精华，是中华民族劳动精神的传承和发展。"实"是对空想主义、空谈主义、历史虚无主义的反驳，"干"是勤劳、奋斗、脚踏实地，是继承和发扬中华民族的劳动精神。"兴邦"是理想和目标，是新时代劳动精神的价值导向，具体而言，就是实现中华民族伟大复兴的中国梦。❶

（四）创新创造

时代的发展对劳动创新提出了新要求。中国目前已经进入了"大众创业、万众创新"的时代。作为新时代的大学生，需要时刻保持一颗勇于创新创业的心，这也是劳动精神必备的条件之一。

工匠精神

工匠精神是人类劳动的结晶。从精神层面上讲，工匠精神是一种态

---

❶ 彭远威 张锋兴 李卫东.高职生劳动教育教程[M].桂林：广西师范大学出版社，2020：66-67.

度，一种信仰；从物质层面上讲，工匠精神是一种品质，一种财富；从职业层面上讲，工匠精神是一份专注，一份精致。具体到工作实践中，工匠精神就是一种对工作精益求精、追求完美与极致的精神理念，包含了严谨细致的工作态度、坚守专注的意志品质、开拓进取的创新精神以及追求卓越、精益求精的工作品质，是一种特殊的职业精神。工匠精神是职业道德、职业能力、职业品质的体现，是从业者的一种职业价值取向和行为表现。

工匠精神是成为优秀劳动者的内在驱动力，也是优秀劳动者核心竞争力的体现。它是一种在设计上追求独具匠心、质量上追求精益求精、技艺上追求尽善尽美、服务上追求用户至上的精神。具体而言，它是从业者，尤其是工匠们，对产品精雕细琢、精益求精的理念，是不断地雕琢产品、改善工艺、享受产品升华的精神追求。工匠精神的核心是对品质的追求，工匠精神的目标是打造本行业的精品。

工匠精神不仅要具有高超的技艺和精湛的技能，而且还要有严谨细致、专注执着、精益求精、淡泊名利、敬业守信、勇于创新的工作态度，以及对职业的认同感、责任感、使命感、自豪感等可贵品质。工匠精神是社会文明进步的重要尺度，是制造业前进和发展的内在驱动力和精神源泉，是企业竞争发展的品牌资本，是制造业从业者个人成长的道德指引。

一、工匠概述

很多人认为工匠只是高素质技术工人，没有认识到工匠在人类文明发展史上的重要作用，更没有认识到工匠精神的广泛性。华为总裁任正非说："很多人认为工匠是一种机械重复的工作者，其实，工匠意味深远，代表着一个时代的气质，与坚定、踏实、精益求精相连。"工匠的技艺水平往往代表着时代的科技水平，从石器时代、青铜时代、铁器时代到蒸汽时代，催生时代革命的都是以工匠为主导的科技发现和技艺改良。如果没有大批杰出工匠的创造性劳动，人类的一切奇思妙想都将是空中楼阁。工匠的身份地位、生产方式和技术水平不断变化发展的过程，也是工匠精神萌发、增长和成熟的塑造过程。

我国古代鲁班等工匠大师以独特的技艺奠定了古代建筑文明的基础，影响并发展了几千年的建筑行业与建筑文化。我国现代涌现出的高凤林、胡双钱、宁允展等国家级工匠，对航空工业、高铁行业的发展起到了较好的推动作用，以其勇于创新、敢于试错的工匠精神，做出了改变世界的创新成果。可以说，能工巧匠的巨大作用伴随着人类文明发展的整个进程。

我们应重新审视工匠的作用和地位，在工艺知识和技能方面下功夫，通过专题讲座、实践实习、观看纪录片等方式，了解工匠对工艺精益求精的钻研精神，以及工匠、工匠精神对经济建设和社会发展的重要意义。

（一）工匠的起源和分类

在人类起源初期，为了生存，人类首先要搜集生活资料，包括采集野果、捕获森林中的动物或水中的游鱼。然后再进一步配置这些生活资料，形成了工匠的雏形。到了青铜时代，有手艺的劳动者，古语称之为"匠"，劳动者的手艺，我们习惯称之为"技"。匠，乃罕见之人才；技，乃稀有之能力。这些手艺工人、从事手艺的人、有工艺专长的匠人，可称为工匠。他们专注于某一领域，针对这一领域的产品研发或加全身心投入，精益求精、一丝不苟地完成整个工序的每一个环节。古代的工匠有木匠、铁匠、石匠、篾匠、漆匠等。《管子·小匡》写道："士农工商四民者，国之石民也。"工匠属于"四民"中的"工"，指具有一定手艺专长的人。在西方文化中，工匠（artisan）一词的本义源自拉丁语中一种被称为"ars"的体力劳动，后来随着这种劳动形式的逐渐丰富才演变为"art"（技能、技巧、技艺）的意思；而"atisan"作为一个特定的职业和特定的社会阶层，即工匠手工艺人，是在17世纪早期开始广泛使用起来的。❶

（二）工匠的历史发展

距今近万年前的原始社会末期，人类出现了第一次社会大分工，手工业从农业中分离出来，此后逐渐出现了专门从事手工业生产的工匠，按照现代产业的分类，此时的工匠参与的活动领域属于第二产业和第三产业。❷

随着时代进步和社会发展，曾经的一些老手艺因与现代生活不相适应而逐渐消失，但是工匠精神却代代传承下来。作为新时代的先锋力量，我们应接力传承工匠精神，为建设社会主义现代化强国而奋斗。

---

❶ 彭远威 张锋兴 李卫东. 高职生劳动教育教程[M]. 广西师范大学出版社，2020：93.

❷ 王官成 徐飙. 劳动教育和职业素养训练[M]. 北京：中国人民大学出版社，2020：109-110.

（三）工匠的典型特征

在历史的发展和文化的传承中，工匠形成了自己的精神境界，具有了独特的精神层面。工匠自身的技能、技艺和技术是工匠精神的物质载体和最根本的职业生涯的追求。

1. 较强的专业特性

优秀的工匠都具有较为专业的理论知识和专业技能，能在所从事的领域内有所见地，有所建树，能够利用技能生产或创造产品，最终获取价值。

2. 坚定的职业追求

优秀的工匠对每一道制作工序都很严谨，一丝不苟。他们注重品质、专注执着、精益求精、勇于创新，追求完美和卓越极致，孜孜不倦，反复改进，对制作精品有着执着的坚持和追求，用产品质量和品质体现自己的职业追求。

3. 较高的职业素养

优秀的工匠无私且敬业。他们具有可持续发展的能力，具有创新能力和超越自我的能力，具有社会人文关怀，由此构成了工匠的职业态度和职业素养。工匠以职业素养引领职业态度和职业技能提升，成为行业持续发展和不断创新的动力。

（四）当代工匠的职业价值

当代工匠相对于传统工匠而言，其内涵和外延都发生了很大的变化。由于工业化大生产和现代科技的生产应用，传统工匠和工匠作坊已日渐式微，当代工匠借助现代科技，在各类企业中进行着工业化生产活动。因此，当代工匠现在被称为高技术技能人才，他们是当代先进工艺技术的创造者、掌握者和应用者，也是当代高科技产品的最终实现者。

二、工匠精神的起源与发展

工匠精神最初源自"工匠"这一群体，并与工匠队伍的产生、发展和转变密切相关。工匠喜欢对自己的产品精雕细琢、精益求精，不断改善自己的工艺，享受产品在双手中升华的过程。工匠对细节有很高要求，追求完美和极致，对精品有着执着的坚持和卓越追求。

工匠精神随着人类改造世界的活动产生，虽然在不同的国家呈现的方式有所不同，但是，工匠精神的潜在力量一直在深刻地影响着各国劳动者，创造着一项又一项人类奇迹，推动着历史向前发展。

（一）工匠精神在中国的产生和发展

工匠精神在中国被称为"中华工匠精神"，具有悠久的历史，其产生与发展随着历史的演进呈现不同的时代特点。中国古代涌现出很多能工巧匠，创造了许多令人骄傲的工具。他们倾注于一双巧手，匠心独运，巧夺天工，创造出令西方仰止的古代东方科技文明。

在我国几千年文明史中，工匠精神源远流长，"巧夺天工""匠心独运""技近乎道"等典故都是对这种精神的高度概括。古代的工匠精神主要表现为"口传心授"的师道精神、产品制造过程中的专注精神、智慧与灵感集合的创造创业精神、知行合一的实践精神等。古代的"中国制造"远近闻名。早在西周时期，我国就已设立了"百工制度"。韩非子《五蠹》一文中提到了最早造房子的有巢氏、最早钻燧取火的燧人氏。木匠鼻祖鲁班，生活在春秋末、战国初，出身于世代工匠的家庭。他能创制"机关备制"的木马车，也能发明曲尺、墨斗、刨子等木作工具。社会进入后工业时代，一些与现代生活不相适应的老手艺、老工匠逐渐淡出日常生活，但工匠精神永不过时。尊重工匠的劳动，以良好的环境催生新时代的工匠精神，才能真正做出匠心独具、经得起时间检验的作品，才能使"工匠精神"继续发扬光大。

新中国成立以来，大庆精神、"两弹一星"精神、载人航天精神……新中国劳动者不断为工匠精神注入新的内涵。也正是在工匠精神的激励下，中国路桥、中国高铁、中国核电等，成为一张张让国人引以为豪的"中国名片"。工匠通过物质生产的劳动过程表现出来的精神体现了浓缩的时代文化，这种精神与工匠的成长经历、成长环境是分不开的。纵观中华上下五千年历史，一代又一代能工巧匠创造了璀璨的物质文明，为世界贡献了无数杰出的"中国制造"。不仅如此，工匠们通过巧夺天工之作呈现的认识世界的观念、思想和方式，给世人留下了宝贵的精神财富，为世界贡献了"中国智慧"，彰显了"器以载道"的工匠文化，工匠精神对后世产生了极大的影响。

（二）工匠精神在世界工业强国的产生和发展

工匠精神在西方起源于古希腊、罗马时期的手工制造业，在当时崇尚思想至上、推崇脑力劳动的社会环境下，工匠仍是支撑古希腊城邦体系和社会运行不可或缺的社会阶层。古希腊工匠在创造物质文明的过程中所形成的技艺经验和传承方式是西方工匠精神得以形成的技术前提。

到 11 世纪，工匠精神获得较大的发展。随着西方手工业的繁荣发展，行会制度逐步兴盛，资本主义性质的手工工场不断普及。手工业行会的成立，促进了行业内技术分工的细化，工匠的技艺随着分工的细化得到提高。由于技艺精湛，工匠的劳动价值得到社会的肯定，工匠的社会地位进一步提升，工匠的群体规模不断扩大，工匠的劳动热情被激发，工匠精神的发展有了深层的社会动力。

工匠精神在西方的发展和形成过程体现了人们对工匠劳动观念的认知不断解放、社会对工匠劳动价值的评价不断提高、工匠精神的影响力不断扩大。在一些西方工业强国，工匠精神具有共性表现，如精益求精的产品制造精神、知行合一的职业实践精神、脚踏实地的敬业精神、求富立德的创新创业精神等。同时，工匠精神在不同国家具有不同的鲜明特色。如在具有实用主义倾向的美国，工匠精神更多地体现为创新与务实；而在理性严谨的德国，工匠精神表现为对质量和技术的重视高于对利润的追求的可持续发展思路。

从古今中外工匠精神的产生和发展历史过程来看，工匠精神内化于"德"，以追求卓越为价值导向，以尊师重道为传承方式，以爱岗敬业为现实表现；工匠精神凝结于"技"，包括一丝不苟的严谨精神，精益求精的创造精神，知行合一的实践精神；工匠精神外化于"物"，器物有魂魄，匠人自谦恭，渗透着工匠精神的产品，是物质价值的载体，更蕴含着技术和精神的传承。❶

三、新时代工匠精神

工匠精神中包含了一丝不苟、踏实敬业，它是一种技术技能，更是一种精神品质。工匠精神是工匠对产品精雕细琢，追求完美和极致的精神理念，

---

❶ 彭远威 张锋兴 李卫东. 高职生劳动教育教程[M]. 广西师范大学出版社，2020：98-99.

是善于用创新对产品精雕细琢、反复打磨，体现产品最大价值，创造出最完美产品的品质素养。任何行业、任何个人"精益求精、力求完美"的精神，都可称为工匠精神。

传统工匠主要依赖手工技艺进行器物的制作，速度慢、周期长、标准不规范、生产效率低，但同时又体现制着作者的个性特征，能够按照需求进行个性化制作，每件作品都独无二。正因为如此，手工技艺在科技水平已经非常高超的今天，依然无法被取代。例如，在餐饮、工艺品等行业中，手工技艺往往是行业价值的最高体现。即便在已经实现了规模化大工业生产的鞋业、钟表业等行业，一些恪守传统的企业家依然坚持以手工制作为主，以便让自己的产品具有独特的属性从而拥有广阔的市场。

坚持手工技艺并不意味着要拒绝当代科技。借助于机器特别是精密机器可以提升手工技艺的效事和质量，像瑞士手表的零件，基本上都是机器生产，只有到了装配这个关键环节，才全部采用人工。借助现代企业管理可以使手工技艺在大工业生产背景下克服生产周期长、效率低等不足，获得与大工业生产相抗衡的内在动力。在奢侈品生产领域，产品和艺术品高度融合，使手工技艺及其产品的内涵得到了极大拓展，既推动了手工技艺的传承，又拓展了手工产品的精神价值和市场空间。所以，当代工匠中的手工艺人，既要得到传统工匠的个性真传，又要获得当代科技文化的不同素养，他们是相关产业发展的人才支柱和技术基石。❶

1. 平凡中坚守的职业精神

伟大出自平凡，英雄来自人民。无数平凡的劳动者默默扎根基层，坚持工匠精神，用勤奋努力的方式诠释对工作的执着、对岗位的热爱、对事业的奉献，在坚守中演绎精彩人生。中华民族历来有"敬业乐群""忠于职守"的传统，敬业是中华民族淳朴而伟大的美德，也是新时代社会主义核心价值观的基本要求。早在春秋时期，孔子就主张"执事敬""事思敬""修己以敬"。"执事敬"是指认真做好自己的工作，"事思敬"是指尊敬、热爱自己的工作，"修己以敬"是指慎重地提升自身修养，以更好地尽职工作，为人民服务。

平凡的岗位和人生，没有唾手可得的财富、权力和荣誉，也没有一劳永

---

❶ 王官成 徐飙. 劳动教育和职业素养训练[M]. 北京：中国人民大学出版社，2020：114.

逸的舒适和自在，只有爱岗敬业、踏实奉献、勤奋付出的认真心态。现实社会中有部分人由于功利和短视，不认同平凡，不愿意付出。有的人虽然想有好收入，却排斥累活苦活重活；有的人只着眼于干大事，却不屑从小事做起。所谓成功，就是在平凡中坚守初心，做好眼前的每件小事，用平凡生活里的点滴成果缔造出不平凡的人生意义和社会价值。

工匠热爱自己的工作，不计得失，心甘情愿，并凭借这种热爱来激活创造力，认同自我的价值感和存在感。工匠做事，有条有理，一丝不苟。工匠精神就是用心，对经手的每一件产品负责到底的意识。大学生培养工匠精神，就要求我们不管从事什么工作，都要用心。要让自己比过去做得更好，比别人做得更用心。坚持到底，能做事，做成事，这是工匠的价值所在。唯有做到以技养身，以心养技，才能存一颗匠心，专注、自在地学习、工作和生活。

2. 精益求精的品质精神

精益求精，是从业者对每件产品、每道工序都凝神聚力、追求极致的职业品质。无论产品大小，从业者都不满足于现有标准和成就，还要进一步提升质量，投入时间和精力，反复改进产品，努力把产品的品质从99%提升到99.999%，以期达到尽善尽美。正如老子所说："天下大事，必作于细"，追求极致、精益求精，是获得各类"工匠"荣誉称号的技术工人的共同特点，这也是他们身怀绝技，在全国乃至国际各类技能大赛中夺取优异成绩的重要原因。

精益求精的品质精神是工匠精神的核心。一个人之所以能够成为"工匠"，就在于他对产品品质的不懈追求。无论是手工作业时代，还是机器大生产时代，乃至现在的智能工业化时代，始终需要工匠精神。"互联网+"时代的来临，数控和智能化已经深入企业生产中的每个环节。很多工厂已经实现了工业4.0，一些工作有全自动的解决方案。一个训练有素的技师在精确度上可以不逊于机器，但工人的灵活性机器却根本达不到。智能化的机械设备也许能代替工匠完成重复的体力劳动实现标准化生产，带来更高的生产效率，却永远无法替代工匠那灵巧的双手，不能代替工匠们的思考与创新，不能给产品注入别具一格的匠心。

制造业是我国国民经济的主体，是立国之本、兴国之器、强国之基。打造具有国际竞争力的制造业，是我国提升综合国力、保障国家安全、建设世界强国的必由之路。近年来，我国坚持走中国特色新型工业化道路，强化工业基础能力，提高综合集成水平，完善多层次多类型人才培养体系，促进产业转型升级，培育中国特色的制造文化，实现制造业由大变强的历史跨越。国家将中国制造和工匠精神纳入政府工作报告中，充分彰显了国家对大力发展制造业的特别关注和强力支持。中国制造业面临提升供给质量，进一步打造品牌竞争力的时代新考验。时代需要智能制造，中国需要越来越多的企业重视工匠精神，涌现越来越多的工匠人才。目前，中国制造业转型发展的关键就是培养对产品和服务追求极致的匠人，用工匠精神生产工匠产品、打造中国品牌，助推经济转型和产业升级。作为劳动者，只有传承和发扬工匠精神，在平凡岗位上孜孜以求，追求职业技能的完美和极致，才能使"中国制造"更加精彩。

3. 锲而不舍的专注精神

专注就是内心笃定而着眼于细节的耐心、执着、坚持的精神，这是所有大国工匠必须具备的精神特质。成功的人大都"术业有专攻"，一旦选定行业，就会以执着的信念，保持对同一道工序、同一个产品数十年如一日的坚守和热爱，在产品和技术上不断积累经验和优势。踏踏实实、心无旁骛，若干年后，那些曾经在平凡岗位上执着的技术工人都在各自领域成为"工匠"和"专家"。

锲而不舍是一种精神，一种信念，是新时代大学生最根本的素养。在工作中难免遇到各种情况，要想不打折扣开展工作，就要把锲而不舍当作毕生信念，切忌半途而废，眼高手低，这就是工匠精神的体现，也是工匠存在的意义。古代工匠大多穷其一生只专注于一件或几件内容相近的有意义的事情，只有把有限的生命和精力投入到既定的目标中，坚忍不拔，锲而不舍，才可能达到自己的目标。

不要博而泛，要精而专。任何时候，独特精湛、娴熟高超的技艺，都是一个人或者一个组织的立足之本和创新发展的动力，甚至是核心竞争力。在这个社会分工越来越细化、专业领域越来越精致的时代，我们只需找到自己擅长的领域，然后专注于它们并尽力做到最好，一定会达到理想发结果。企业走上"专特优精"发展道路，需要锲而不舍的专注精神，需要勇攀质量高峰决心，需要有更多的"专业+专注"的高技术技能人才。我国正处在从工业大国向工业强国迈进的关键时期，急需培育和弘扬严谨认真、专业专注、追求完美的工匠精神。

4. 协作共进的团队精神

协作共进的团队精神主要体现于新时代的工匠精神之中，是当代产业技术工人必备的精神素养。现代技术越来越复杂，其开发难度也越来越大，单凭个人的力量难以完成，需要发挥团队合作的力量，充分利用各方优势，以集体的力量来攻坚克难，实现技术突破与创新。新时代工匠尤其是产业工人的生产方式已不再是手工作坊，而是大机器生产，任何一项技术、任何一个工艺，都可能只是复杂技术链条上的一个环节，比如复兴号列车，一列车厢就有三万七千多道工序，个体即使本领再大、智商再高也不可能完成所有的技术工序，这需要多部门、多环节团结协作共同完成。团队需要"协作共进"，而不是各自为战。因此协作共进的团队精神是现代工匠精神的要义。❶

5. 追求卓著的创新精神

追求卓著的创新精神是新时代工匠精神的灵魂。传统的工匠精神强调的是祖传父、父传子、子传孙，代代相继是传统工匠传承的主要方式。而新时代的工匠精神强调的则是在继承基础上的创新，因为只有在继承基础上的创新，才能跟上新时代前进的步伐，推动产品的升级换代，以适应社会经济的高质量发展和满足人们日益增长的对美好生活的需要。

高技术技能人才需要传承传统技术和工艺，但不能因循守旧、墨守成规，需要大胆探索创新，用新思维、新办法、新工艺来解决技术及产业发展中的老问题和新难题，才能适应制造业发展的新形势，勇攀新高峰，创造新成绩。

事实上，古往今来，热衷于创新和发明的工匠们一直是世界科技进步的重要推动力量。改革开放以来，"汉字激光照排系统之父"王选、"中国第一、全球第二的充电电池制造商"王传福、从事高铁研制生产的铁路工人和从事特高压、智能电网研究运行的电力工人等都是工匠精神的优秀传承者，他们让中国创新重新影响了世界。❷

四、新时代工匠精神的现实意义

实现中华民族伟大复兴的中国梦，不仅需要大批科技专家，同时也需要千千万万的能工巧匠。更为重要的是，工匠精神作为一种优秀的职业道德和

---

❶ 王官成 徐飙.劳动教育和职业素养训练[M].北京：中国人民大学出版社，2020：119-120.
❷ 卢璐 刘杨林 钟磊.大学生劳动教育教程[M].北京：航空工业出版社，2020：47.

文化精神，它的传承和发展契合了时代发展的需要，具有重要的时代价值与广泛的社会意义。

工匠精神是中国制造前行的精神源泉，是企业竞争发展的品牌资本，也是个人成长的道德指引。在中国经济发展新常态下，转变经济发展方式，产业结构转型升级、经济增长动力转换和供给侧结构性改革是推动经济高质量发展的必然要求。工匠精神在"精益求精"等基本含义上赋予了许多新的价值内涵，直接连接当下社会新的生产方式和组织形式，精准展现了这个时代的现实需求和价值取向。"守初心、担使命"，发扬工匠精神是当今中国经济转型发展的必要条件。当前，我国正处在从工业大国向工业强国迈进的关键时期，培育和弘扬严谨认真、精益求精、追求卓越的工匠精神，对于建设制造强国具有重要意义。它将引导中国从低端制造的现状中走出，淘汰落后重复产能，加强技术创新，通过增加品种、提升品质、创新品牌，提升中国制造业的整体水平与形象，为"中国制造"迈向"中国创造"提供源源不断的动力。❶

随着经济全球化的到来，市场竞争越来越激烈，中国人的消费观念也正在由"生存消费"转向"品质消费"，中国比任何时候都更需要工匠精神。工匠精神是一种职业文明和高境界的服务文化，塑造并非"一日之功"，需要持续优化制度供给，培育时代工匠精神。弘扬"工匠精神"，促进企业精益求精、提高质量，使认真、敬业、执着、创新成为更多人的职业追求。在全社会倡导一种"做专、做精、做细、做实"的作风，才能让"制、智、质"成为中国名片。

只有对新时代"工匠精神"的基本内涵形成共识，才能树匠心、育匠人，对推动我国由制造业大国向制造业强国的跃升，真正实现中华民族的伟大复兴，都具有重要的现实意义。

五、践行工匠精神

我们身边总有一些人，他们执着、坚守，对自己的工作和产品精益求精，例如，潜心21年苦心钻研的铁轨工匠信恒均等，他们都是工匠精神的传人。今天，我们学习他们精益求精的精神，学习他们执着细节的态度，学习他们坚持不懈的毅力。大学生要通过毕业设计、社会实践活动、社会兼职等，在

---

❶ 卢璐 刘杨林 钟磊.大学生劳动教育教程[M].北京：航空工业出版社，2020：55.

劳动过程中不断探索、创新，在实践中培养吃苦耐劳精神和奉献精神，树立正确的职业观念，切实传承、践行工匠精神。大学生还要弘扬理论联系实际的作风，深入工厂，到企业中接触一线工人，感悟工匠精神。❶

践行工匠精神需要具有超越行为的思想。践行是具体行为，我们只有把工匠精神自觉地运用到具体工作实践中，从自我做起，从点滴做起，经过长期的品质培养和知识积累，工匠精神才会变成融入身体里的"血液"，成为储存在大脑中的"思想"。只有不断实践、认识、再实践、再认识，如此循环往复，工匠精神才能超越行为，形成改造客观世界的强大力量。

践行工匠精神需要具有超越工具的"精神"。随着工业技术的发展，现代生产技术与工具在生产中具有越来越重要的作用。但是，再好的工具也需要人来操作，同样的工具在不同的人手里所达到的功效是不一样的，生产出来的产品也不一样。我们应该把现代工匠精神作为驾驭掌握和改造自然及社会的一种特殊的精神工具，不断提高掌握工具的能力，达到精益求精的高度。有人认为，现代智能化的"物质"工具可以代替工匠精神的"精神工具"，这是不可能的。不仅智能工具的生产（实践）离不开工匠精神之本（思想），而且智能工具的优劣取决于工匠技术的高低，智能工具的升级换代也依赖于工匠技术的升级换代。人永远是实践的主体，思想永远是实践之本。工匠精神的"精神工具"力量是不可替代的。

践行工匠精神需要具备超越主客体的创新精神。新时代工匠精神的实践活动，是以创新为主要内容的实践活动。在实践活动的主客体中，主体是具有主动性和能动性的因素，担负着提出实践目的、操作实践工具、改造实践客体，从而驾驭和控制实践活动的任务。新时代工匠精神的实践活动，实际上就是是以创新为主要内容的实践活动。我们如果能够自觉地践行工匠精神，将创新意识内化为改造客观事物的思维习惯，就可以提升创新思维的能力，提高改造客观事物的创新行动水平。

工匠精神是一种认真的工作态度，认识和践行现代工匠精神，是一个完整的科学体系。正如马克思所说："在科学上是没有平坦大道可走的，只有那些在陡峭的山路上不畏劳苦奋力攀登的人，才有可能到达光辉的顶点。"践行工匠精神不是急功近利、一劳永逸之事，而是循环往复的长期艰苦过程，只有不忘初心、牢记使命、不畏艰辛、持之以恒、才能及早实现。❷

---

❶ 卢璐 刘杨林 钟磊.大学生劳动教育教程[M].北京：航空工业出版社，2020：55.
❷ 彭远威 张锋兴 李卫东.高职生劳动教育教程[M].桂林：广西师范大学出版社，2020：95.

六、技能竞赛与工匠成长

（一）世界技能大赛简介

世界技能大赛被誉为"技能奥林匹克"，由世界技能组织举办。世界技能组织成立于1950年，由西班牙和葡萄牙两国发起，其前身是国际职业技能训练组织，后更名为世界技能组织。世界技能组织每年召开一次全体大会，每两年举办一次世界技能大赛。

世界技能大赛顺应工业化、信息化的人类社会发展趋势，表现在职业技能上，能够通过项目的设置、规则的制定、标准的规范，引领各国职业技能人才的培养方向。这项赛事，一方面是各国顶级技能人才的技术比拼，另一方面促进技能人才培养与企业需求的高度融合，有效彰显和提升技能人才在各国经济社会发展体系中的职业地位和基础作用。

1. 精细化技能

世界技能大赛的评分规则表明，个人选手的最终成绩并不单单取决于其竞赛作品的最后结果，而是从比赛开始后的每个操作节点所获成绩的综合，包括工具的使用、环境的保护，某个中间环节操作不精即会导致最终的失败。这意味着选手必须严格遵循操作规范，对工艺流程的每个步骤都要追求操作上的技术严谨。

2. 普及性技能

世界技能大赛每个赛项设置，均来自企业真实的生产项目，其竞赛规则、评分标准也源自企业实际应用。这意味着这种技能竞赛并不是像体育竞技那样考评"人体的极限"，而是考评选手所拥有的质量意识、操作技能、工艺规范能否为企业所需。所以，这种技能竞赛的项目和要求从一开始就是相应职业领域内每个从业者应该培养和追求的技术技能素养。

3. 创新性技能

创新是人类发展永恒的主题，人类社会科技发展史表明，当代尖端的科技都是发端于工艺技术的创新。所以，世界技能大赛在强调基础技能的同时，也给选手以创新的极大空间，如化学实验团队挑战赛、网站设计项目等，更多地体现了创新能力。

（二）积极参加技能竞赛，自觉养成工匠精神

2006年，中共中央办公厅和国务院办公厅印发了《关于进一步加强高技能人才工作的意见》，就高技能人才的培养、使用、激励等从国家层面进行了政策指导，此后，中央政府和各地方政府也采取了系列举措，解决技能人才特别是高技术技能人才的匮乏问题。意在从根本上夯实中国制造的根基，培养大批具有现代科技意识的大国工匠，让中国技能伴随中国制造走向世界，成为一个技能强国。

高职院校积极贯彻落实教育部等部门关于职业教育活动的要求，每年定期开展院级职业技能大赛活动，参照国赛赛项设置各类竞赛，建立学院、省、国家三级人才选拔机制，为参加省赛、国赛选拔储备了有潜质的"种子"选手，实现了职业技能大赛的广泛化、常态化、制度化，营造了德技并修的竞赛文化氛围。通过比赛，大学生体会到技能提升的快乐，树立了努力学习的信心，激发了竞赛热情，增强了学习的内驱力和获得感。

现在越来越多的大学生苦练技能、勇于拼搏，勇登国内、国际技能大赛的领奖台，成为工匠型技能人才。近年来，高职院校积极响应国家号召，在人才培养的过程中将技能大赛和工匠精神有机融合，通过鼓励大学生参加技能大赛，激发了大学生学技能、比技能、练技能的学习热情，大学生技能水平、综合素质等得到全面提高。作为当代大学生，要用好各种学习条件和资源，努力培养工匠精神，走技能成才的道路。❶

第三节
劳模精神

劳模精神是指"爱岗敬业、争创一流，艰苦奋斗、勇于创新，淡泊名利、甘于奉献"，劳动模范精神丰富了民族精神和时代精神的内涵，是社会极为宝贵的精神财富。大学生在学习和生活中，要践行劳模精神，实现经济社会

---

❶ 王官成 徐飙.劳动教育和职业素养训练[M].北京：中国人民大学出版社，2020：125-127.

的发展目标，满足人民日益增长的美好物质生活和精神生活的向往与追求。劳动模范是民族的精英、人民的楷模。榜样的力量是无穷的。长期以来，广大劳模以平凡的劳动创造了不平凡的业绩，全国各族人民都要向劳模学习，大力弘扬劳模精神、发挥劳模作用。

时代需要劳模，劳模引领时代。"幸福都是奋斗出来的"，美好的蓝图要靠劳动者用汗水绘就，华丽的篇章要奋斗者用双手书写。新的时代和使命呼唤新的担当，作为大学生，我们也要争当"劳模"，让劳模精神在新时代发扬光大。

大学生是社会主义事业的建设者和接班人，要牢固树立爱业、敬业、乐业、勤业的职业理念，不断学习劳模精神，大力弘扬劳模精神，在实际工作中践行劳模精神，加强学习、立足岗位、踏实工作，提升水平，坚持不懈、开拓创新，从而实现社会主义新时代的伟大奋斗目标。

一、劳动模范的含义

（一）劳动模范是工人阶级的优秀代表

劳动模范是中华人民共和国历史上的一个特殊群体。他们既是普通劳动者，又是开社会风气之先引领时代潮流的社会精英。长期以来，广大劳模以高度的主人公责任感、忘我的拼搏奉献，以辛勤劳动、诚实劳动和创造性劳动，持续推动着社会进步、国家发展和民族振兴，为全国各族人民树立了光辉的学习榜样。劳动模范作为工人阶级的优秀代表，在工作生活中发挥了先锋和排头兵作用，在平凡的岗位上创造了不平凡的业绩。劳动模范是中华民族的模范人物，是推动各方面事业胜利前进的骨干。在中国共产党团结带领人民进行革命、建设、改革的各个历史时期，劳动模范始终是我国工人阶级中一个闪光的群体，享有崇高声誉，备受人民尊敬。

（二）劳动模范是时代的引领者

平凡成就伟大，劳动创造辉煌。劳模是时代的引领者，是民族的脊梁。从王进喜到袁隆平，每个时期的劳模，都是时代的精神符号和力量化身。他们的创造性实践和不断探索中激发出的蕴含着自主性、首创性、先进性元素的劳模精神，始终激励着广大劳动者建功立业，呈现着社会进步的发展方向。新中国70多年的实践证明，以劳模为代表的亿万看似平凡的劳动者，在全世界挺起了中国的脊梁,在中国史乃至世界史上书写了辉煌。

全国劳模身后,是数以亿计的中国劳动者。一个崇敬劳模的时代,一定充满活力;一个尊重劳模、珍视劳模的国家,一定很有希望,因为人人可以通过劳动找到人生发展的途径;一个把广大劳动群众当主人的社会制度,一定很有优势,因为大家都自带使命感和责任感,劳动不光为了生存,也为了实现自我、奉献社会。

劳动模范是优秀劳动者的典型代表,劳模是当代大学生的时代精神坐标。大学生的成长,离不开精神力量的哺育。大学生成长的道路不全是平坦的,遇到青春的逆境时,必须具有坚定的意志才能勇往直前。尤其是处在大发展、大变革、大调整的社会转型期,大学生不仅需要凝聚人心的核心价值观,更加需要劳动模范引领人生的远大理想。一方面,平凡而质朴的劳模是触手可及的,我们总能从普通人身上找到劳模的影子;另一方面,劳模形象因其伟大和深刻,凝结着崇高的价值追求,积蓄了强大的思想动力,可以永远传承。❶

二、劳模精神的内涵与基本要素

劳动模范具有忘我的劳动热情,积极进取的精神状态,他们身上承载和彰显的劳模精神引领时代的发展,也丰富和拓展了中国精神的内涵。

(一)劳模精神的内涵

1. 劳模精神是劳动精神的积极体现

劳模精神继承并发展了中华民族传统优秀的劳动观念,树立并彰显了一种辛勤劳动、诚实劳动、创造性劳动的新理念,也饱含无私奉献、淡泊名利的利他主义作风。营造并弘扬了一种劳动光荣、技能宝贵、创造伟大的时代风尚,生成并传播了一种劳动者至上、劳动者平等、劳动者可敬、劳动最光荣、劳动最崇高、劳动最伟大、劳动最美丽的劳动观。

2. 劳模精神的本质是主人翁意识

主人翁意识是劳模精神的内在本质,是正确认识和理解劳模精神的"关

---

❶ 彭远威 张锋兴 李卫东. 高职生劳动教育教程[M]. 桂林:广西师范大学出版社,2020:78.

键词"。正是因为自觉的、强烈的主人翁意识，劳模才有着深厚的家国情怀，乐于以车间为家、以厂为家、以企为家、以国为家，才具有积极主动的岗位意识、职业意识、进取精神和创新精神，才在本职工作中充分发挥积极性、主动性和创造性，才能够艰苦奋斗、淡泊名利、甘于奉献，自觉把人生理想、家庭幸福融入国家富强、民族复兴的伟业之中，最终建构起个人与集体、个人梦与中国梦、个体小家与国家民族融合统一的发展共同体和命运共同体。

3. 劳模精神的核心是工匠精神

各行各业涌现出来的劳动模范所展示的劳模精神，其行为实质和精神特质本身都是工匠精神的价值升华，既体现了劳动者的勤劳创造之美，展现了劳动者的追求卓越之心，也凸显了劳动者的爱岗敬业之精神。可以说，工匠的职业操守精神是劳模精神的基础，工匠的求精创新精神是劳模精神的源泉，工匠的敬业奉献精神是劳模精神的内核。

（二）劳模精神的历史发展

十九大报告指出："建设知识型、技能型、创新型劳动者大军，弘扬劳模精神和工匠精神，营造劳动光荣的社会风尚和精益求精的敬业风气。"大力弘扬劳模精神，充分发挥劳模的示范辐射引领作用，不仅是培养中国特色社会主义事业建设者和接班人的内在要求，也是推动我国社会发展、落实教育立德树人的重要举措。劳模精神有其时代特点、内涵和价值。劳模精神是中国精神的重要组成部分，是坚定中国特色社会主义文化自信的重要能量。在我国，劳模精神经历了四个阶段的发展，萌发孕育于革命战争年代，初步形成与新中国成立后的三十年，发展于改革开放以后，党的十八大以来继续深化。

这四个阶段，劳模精神的意蕴虽然有所不同，但社会主义核心价值观没有变，都以高度责任使命感为核心，以勤劳勇敢、自强不息的民族精神践行新时代使命，以改革创新、争创一流的时代精神展现新时代担当。

（三）劳模精神的基本要素

劳动模范身上体现的"爱岗敬业、争创一流，艰苦奋斗、勇于创新，淡泊名利、甘于奉献"的劳模精神，是伟大时代精神的生动体现。

1. 爱岗敬业

爱岗敬业是忠于职守的事业精神。爱岗和敬业，互为前提，相辅相成。"爱岗"是"敬业"的基石，"敬业"是"爱岗"的升华，爱岗敬业指的是忠于职守的事业精神，这是职业道德的基础。"爱岗"就是劳动者热爱自己的工作岗位，热爱本职工作，以正确的态度对待各种职业劳动；"敬业"就是要用一种恭敬严肃的态度对待自己的工作。热爱本职工作，对待工作勤勤恳恳、兢兢业业、一丝不苟、认真负责是对爱岗敬业精神的完美诠释。

爱岗敬业是道德规范的基本要求。中华民族历来有"敬业乐群""忠于职守"的传统美德。爱岗敬业，认真对待自己的岗位，无论在任何时候，都要尊重自己的岗位职责，认真履行自己的岗位职责，这是社会对每个社会成员个体的普遍性的、最基本的道德要求。爱岗敬业是服务社会贡献力量的重要途径，是各行各业生存的根本，能促进良好社会风气的形成。立足本职，爱岗敬业，挑战自我，奉献社会，是对每一个从业人员的基本要求。

2. 争创一流

争创一流是劳模精神的精华。争创一流即追求一流的技术水平，干出一流的工作业绩，达到一流的工作效率。一代代劳模在自己所钻研的领域内争创一流，正是这种工作态度使他们在众多劳动者中脱颖而出，获得了"劳模"的称号。

劳模精神体现为爱岗敬业、争创一流的精神。爱岗敬业是对劳动者的普遍性要求，争创一流是对劳动者的先进性要求。在爱岗敬业的基础上实现争创一流的业绩，这是只有少数劳动者才能实现的目标，从而成为广大劳动者学习的楷模、效仿的典范。大力倡导爱岗敬业、争创一流的劳模精神，才能在广大劳动者中形成有奋斗目标，有扎实劳动、有较高效率的劳动风尚和社会风气。倡导爱岗敬业、争创一流的劳模精神，既要榜样引路，更要机制推动，才能恒久有效。❶

3. 艰苦奋斗

艰苦奋斗是一种斗争精神，即不怕艰难困苦、设法去战胜困难。艰苦奋斗是一种创业精神，即在与艰苦奋斗的斗争中，奋发向上、锐意进取、辛勤

---

❶ 聂峰 易志军.新时代劳动教育教程[M].北京：电子工业出版社，2020：076.

创业。艰苦奋斗是一种献身精神，即为国家和人民利益乐于奉献、勇于献身。

艰苦奋斗是中华民族的优良传统，也是劳模精神的根本内涵。劳模之所以能够成为劳模权，最根本的是依靠艰苦奋斗创造不平凡的业绩、奋斗是艰辛的，没有艰辛就不是真正的奋斗。

生活中，我们经常会羡慕别人外表光鲜亮面的生活，殊不知别人在背后下了多少功夫。日常生活中，我们看到一些大学生徒具知识技能，却缺乏生活的能力，遇到挫折就垂头丧气，甚至有的还因此拒绝进入社会，当起了"啃老族"。十分耕耘绝对有一分大收获，十分辛苦绝对有一分大甘甜。有些苦是必须要吃的，今天不苦学，少了精神的滋养，注定了明天的空虚；今天不苦练，少了技能的支撑，注定了明天的落后。为了日后的充实与进步，苦在当下其实很值得。

奋斗要从现在做起。"艰难困苦，玉汝于成"，正是因为有了艰苦的经历，人才能得到磨砺。不经历艰苦，人格很难提升。面对困难和逆境，不要消极悲观，不要哀叹，不要消沉，而要将其视为磨炼心志的绝佳机会，正视面对，勇敢挑战。"千里之行，始于足下"告诉我们：理想的实现每个人从我做起，从现在做起，从平凡做起。新时代是奋斗者的时代，幸福都是奋斗出来的。新时代要有新担当、新作为，挑战任务艰巨、难题亟待破解，更需要坚持和发扬艰苦奋斗的精神，为人生增添光辉。

有艰苦才有创造。从古至今，一个国家、一个民族，在强国富民的创业过程中，靠的就是艰苦奋斗、勤俭建国。每一个平凡的劳动者在竞争激烈的社会里，都应兢兢业业地对待工作。我们迷恋的不是辛苦的工作，而是辛苦工作中那一点点创造的可能性，它带给我们自豪，让我们一次又一次地感受着更为广阔的世界。纵然结果无法预测，它也能让你我继续坚定地行走在属于自己的成长创造性之路上。❶

大力弘扬艰苦奋斗精神，不仅意味着在物质层面坚持艰苦朴素、勤俭节约的生活作风，更意味着在精神层面保持着战胜一切艰难险阻、一往无前的思想态度。弘扬艰苦奋斗精神，需要用理想信念去支撑，需要用实践行动去体现。空谈误国，实干兴邦。在新时代弘扬艰苦奋斗精神，最终要落实到行动上，体现在实践中。大学生进入职场后要"不畏浮云遮望眼"，敢于迎难而上，以坚韧不拔的奋斗精神，创造出实实在在的成绩。要努力创造出无愧

---

❶ 教育部职教中心研究所.劳动教育读本[M].北京：高等教育出版社，2021：068-069.

于时代，经得起实践检验，为人民群众所称赞的工作业绩。

4. 淡泊名利

淡泊名利，意为轻视外在的名声与利益，淡泊名利是劳模精神的灵魂。淡泊名利者，轻视外在的名声与利益，在国家、集体和他人需要的时候，能够放弃某些个人所得，心甘情愿地做力所能及的奉献。淡泊名利是做人的一种好心态，做人要正确对待名与利。淡泊名利是一种境界，追求名利是一种贪欲。新时代的劳模不会只看重眼前的利益，而是心怀大志、心无杂念，用纯粹的心投入所从事的事业中。做人应该节制物欲，多些精神上的追求，增强自律，做最好的自己。社会的发展与进步需要的是那些踏实做事，实在做人的人。

从古至今，有人因为干事创业获得世人敬仰，也有人因为造福一方赢得人们赞誉。无论是担任领导职务，还是在平凡岗位，"发光的人"都将干事创业摆在职位、地位之前。例如王继才默默守海岛32年，不但从不抱怨收入少，还自掏腰包修码头，获得荣誉后仍一如既往地巡岛观海。所以淡泊心灵，不能淡泊事业。淡泊名利的人胸怀宽广，在人与人之间发生摩擦时，在坚持原则的基础上，能够以谦和的态度对待对方。人生要奋斗，要拒绝诱惑，更要有自律精神，有了这个信念，才能追求自己的人生理想，不被物欲所迷惑。

5. 甘于奉献

在工作上"争"是进取心的表现，责任心的体现；在名利上"让"，既是内心的淡泊明志，也展现品德的谦逊无私。但"争"要争在工作上、表现上、干劲上，人生就会充满正能量。"让"同样如此，让出虚名，让出私利，人生就能更加纯粹而崇高。甘于奉献还意味着要立足本职，敢于担当，体现的是一种高度自信、自省、自警、自律的精神，其隐含的更是一种直面困难、锐意进取、追求卓越、精益求精的作风。高标准、严要求才是每个劳动者的正确选择。敢于担当关键是树立主动负责的态度。立足本职岗位，发挥先锋引领作用，需始终坚持精益求精、创优争先的工作态度，用一流的道德素养、业务技能和工作业绩发挥模范带头作用。在做好本职工作、推动任务落实中当标杆、作表率。

我们在岗位上所做的一切，不仅是对自己的一种考验，也是实现个人价值的过程。甘于奉献，是对自己的事业不求回报地热爱并全身心地付出。劳动模范就是这样一群人，他们淡泊名利、甘于奉献，恪守道德底线和法律底线，危害国家和人民利益的事情不为，损公肥私、害人害己的功利不取，不学无术、沽名钓誉、欺世盗名、寡廉鲜耻、自私自利、无情无义的品行不耻。总有部分人急于追求功名，缺乏扎根一线的耐心。有的人怕吃苦、怕劳累，天天抱怨工作辛苦、薪水太少；有的人不求上进，安于现状，做事偷工减料；有的人好于在领导面前表现，大搞形式主义等。"万丈高楼平地起"，当我们的奉献积累到一定程度时，功名自然会来找你。"甘于奉献，不求回报"，这种"披肝沥胆为工作"的伟大劳模精神，启迪了一代又一代中国人。❶

6. 勇于创新

勇于创新是劳模精神的核心。勇于创新就是敢于创新、善于创新。勇于创新的精神即运用已有的知识、信息、技能和方法进行发明创造、改革、革新的意志、勇气和智慧。创新精神是一个国家和民族发展的不竭动力，也是推动人类文明不断向前发展的重要力量。

产业结构变化、社会分工细化，不会改变劳动是创造价值的唯一源泉。科技和互联网的日益发展正在改变人们的生活方式和思维方式。增强克服本领恐慌的能力，就需要不断地在实践中发现不足，弥补短板，从而使自身不断得到提升。我国经济从高速增长到进入高质量发展阶段，需要更多知识型、技能型、创新型劳动者，也为劳动者、奋斗者实现人生出彩提供了广阔舞台。劳动条件有好坏之分，劳动环境有优劣之别，劳动任务有轻重之差，劳动过程有顺逆之区，积极进取，敢于创新、善于创新才是成功之道。创新始于足下，创新要有方法，不畏艰难，才能取得成功。敢于创新、勇于开拓，不断创新方法、手段、工艺，才能给国家、社会、企业创造新的价值。勇于创新的劳模精神，仍然要成为新时代每个劳动者追求的精神家园。

三、践行劳模精神

劳模精神中，爱岗敬业是本分，争创一流是追求，艰苦奋斗是作风，勇于创新是使命，淡泊名利是境界，甘于奉献是修为。做一个守本分、有追求、讲作风、担使命、有境界、有修为的劳动者，是每位劳模的精神风范，更是

---

❶ 教育部职教中心研究所.劳动教育读本[M].北京：高等教育出版社，2021：070-072.

每一位劳动者应该追求的目标。

（一）强化学习、提升能力

劳模精神体现在学习中，就是刻苦钻研、不畏艰苦，孜孜不倦地学习科学文化知识，勇于探索和创造，不断提高思想政治和科学文化水平，不断完善自己的人格。

劳模的学习精神是新形势下劳模精神的精髓所在。"工欲善其事，必先利其器。"学习是大学生的立身之本。当今世界已进入高速发展的新时代，知识更新瞬息万变，科技发展日新月异，各种新理论新技术层出不穷。因此，在学习上没有捷径可走，正确的学习方法可以提高学习效率，但科学的方法不等于捷径，有好的方法，如果不付出艰苦的学习劳动，任何人都无法取得成功。只有不断学习，大学生的工作水平才能得到持续提高。"争创一流"是劳模精神的内涵之一，也是广大劳动者应当追求的目标。

践行劳模精神，首要的就是要像劳模那样不断学习、积极进取、与时俱进。当代劳动分工越来越细，技术含量日益增加，竞争越来越激烈，对每个劳动者的文化知识、业务水平、技术素质的要求也越来越高，要达到争创一流的目标，也要求大学生加强学习，精益求精。一方面做好学习规划，提高学习广度。加强对学习活动的动态管理，保证学习活动的经常性和学习内容的系统性。另一方面要坚持岗位标准，创新学习形式。从履行岗位职责的实际需要出发，真正把学习与研讨交流、推动工作结合起来，充分利用各种学习载体，及时学习岗位相关知识。

（二）立足岗位、扎实工作

践行劳模精神，关键是要把它落实到我们的实际工作中去，以充沛的工作热情，"干一行、爱一行、专一行、精一行"，立足岗位积极工作努力奉献。在学习工作中践行劳模精神，还要求大学生学习践行劳动模范的工作态度、工作作风、工作方式，学习他们看待工作的视角，推动工作的贯彻落实、创新发展。

立足岗位、踏实工作是践行劳模精神的基础。要增加职业认同感，牢固树立角色意识，明确"我是谁，在什么岗位，该做什么，做好了没有"，敬重自己所从事的职业，形成对职业的认同感和责任意识。自觉地将个人的发展目标与职业岗位目标相融合，以一种敬业的精神，积极的姿态，踏踏实实地去工作，一步一个脚印，通过自己的劳动获得最后的成功。在职业过程中成就自我。

（三）锲而不舍、开拓创新

"创新是民族进步的灵魂。"建设创新型国家是我国发展战略的核心和事关社会主义现代化建设全局的重大战略任务，不仅需要世界一流的科学家，也需要具有高超职业素质和掌握精湛技艺的劳动者。

劳模是广大劳动者中勇于创新的代表。因此，践行劳模精神还要求我们树立创新意识，在实践中运用现代科学技术和专业知识增强创新能力，争做知识型、技能型、专家型劳动者，为实现由"中国制造"向"中国智造"的转变做贡献。不断提高劳动生产率，推动社会进步和持续发展。

四、弘扬劳模精神

（一）以劳模精神实现价值引领，激发内生动力

作为大学生，在追求实现自我发展的人生目标，探寻超越自我的价值追求，创造属于个体的幸福美好生活的同时，首先必须具备参与社会劳动奉献、勇于承担社会责任的精神。

1. 以个人奋斗的幸福梦激发对劳动的热爱

使自身获得更好的学习和社会经验的积累来促进自我的发展，这些都是个体美好的生活愿景。但是要想实现美好理想，没有艰辛的努力付出，只会变成个人的空想。"幸福是奋斗出来的"，幸福的生活不是坐享其成，贪图享乐就可以实现的，必须通过诚实守法辛勤劳动获得。

2. 以中华民族伟大复兴中国梦引领对劳动的认同

中国梦的实现需要每一个大学生依靠自己的聪明才智和劳动敬业来实现。青年大学生要以国家富强、民族振兴、人民幸福为己任，将自己的个人梦想与国家的前途、民族的命运紧密地结合起来，以勤学苦干、敢于创新的精神，激励自己投身于中国特色社会主义伟大实践中去。

（二）以劳模精神加深劳动认知，提高劳动自觉

劳模精神培育的前提是对劳动要有科学的认知。只有充分认识到劳动的价值和意义，才能为信仰而产生劳动自觉，这种劳动信仰就是培养我们自身劳动精神的原动力。其基本要求是要形成崇尚劳动、热爱劳动、尊重劳动者，以劳动敬业为荣，以不劳而获为耻的科学认知，体现了人生价值和社会价值的统一。

（三）以劳模精神实现榜样带动，彰显榜样力量

榜样的力量是无穷的，榜样教育具有示范、激励、导向、调整、自律和矫正等多种功能。作为培育新时代劳动者大军的主渠道、主阵地，学校在传播知识和技术技能培养的同时，必须把劳模精神融入其中，激发学生劳动热情，涵养奉献情怀，增强集体意识。

一是用劳模精神激发劳动意识，养成劳动习惯，形成吃苦耐劳的劳动精神。二是用劳模精神培养奉献情怀。劳动和奉献是相辅相成。劳动是奉献的基础，奉献是劳动的升华，为劳动增源价值。劳模精神突破了自给自足的狭隘劳动观念，着重强调奉献社会的人生追求，通过劳动创造为人民服务、为民族振兴奉献。三是用劳模精神增强集体意识。劳模精神在任何时期都表现出了鲜明的集体主义倾向，大学生把集体潜意识自发提升为团队协作的正能量，凝聚成长发展合力，在具体的劳动实践过程中推动集体和共同发展，将指引大学生将个人的价值追求自觉民族复兴的"中国梦"中。[1]

（四）以劳模精神激励责任担当，强化目标意识

劳模精神以艰苦奋斗为本质、以勇于创新为精髓。在艰苦奋斗和勇于创新的劳动中，可以创造物质财富，更能锤炼劳动者自身。人的智慧在劳动中涵养，人的能力在劳动中提高，人的价值在劳动中得到实现。大学生要争当社会建设排头兵，要建立目标，以勇敢的担当扛起责任。要具有前瞻性视野，善于研究，探索特点，把握规律，增强职业生涯的预见性。

大学生要树立劳模精神，勇攀高峰、勇立潮头、勇开先河，不断向最好处拼搏、向最高处看齐。在自我发展目标确立的同时，还应意识到，一

---

[1] 聂峰 易志军.新时代劳动教育教程[M].北京：电子工业出版社，2020：080.

滴水只有汇入江河才不会干涸，一个人只有融入集体才能生出无穷力量。当代大学生也只有融入社会发展的力量中，才能将自己的澎湃动能转化为无限可能，在科技攻关最前沿、创新创业第一线展现自己朝气蓬勃、奋勇当先的勃发英姿。

劳模精神是社会主义核心价值观的重要体现。当代大学生要争当中华民族精神的传承者。年轻代表着活力，但也意味着经验不足，在工作和生活中难免遇到这样或那样的困难和挫折而苦闷和困惑，作为新时代大学生，要有"功成不必在我，奋斗当以身先"的奉献情怀，目光要远大，眼界要宽广。俗话说"眼界决定境界"，站得高才能看得远，看得远才能做得好。作为大学生，我们要有青年人的朝气，更要有脚踏实地的心气，不敷衍，不推诿，敢于面对学习和生活和劳动实践中的矛盾和问题，有承担责任的魄力、迎难而上的勇气。在平凡的工作岗位上，要尽自己所能圆满地完成自己的工作任务。

思考题

1. 简述劳动精神的基本要素。
2. 简述新时代工匠精神的内容。
3. 简述劳模精神的核心内容。

第三章
提升技能

随着中国经济的飞速发展，其发展形势在发生着质的变化，促进经济增长由主要依靠增加投资和资源消耗向主要依靠科技进步劳动者素质提高、管理创新转变。这些逐步建立起梯度发展的产业结构和新的竞争优势，都需要高技术技能人才提供必要的支持。高职院校在经济社会的发展转型过程中担负着培养适应新时代高技能人才的任务。技能是大学生的立身之本，是成长为高素质技术技能人才、能工巧匠、大国工匠的基本功。大学生主要是提升职业技能，同时也要掌握一定的生活技能和社会技能。

第一节 职业技能

职业技能是学生将来实现就业和服务社会经济发展所需要的技术和能力，掌握职业技能是大学生成为高素质劳动者和技术技能人才的立身之本。技能越多，能力越强，越有利于就业，越能适应新时代、新劳动岗位。牢牢树立为人民服务的人生价值观。大学生还要学会尊重劳动规律、掌握劳动技巧，要热爱劳动、崇尚劳动，在劳动生产中，大学生要多参与、多体验，通过各种劳动形式去亲身实践生产劳动，做到敢于探索、勇于挑战，争取成为知识型和技能型的劳动者。

一、职业技能概述

（一）职业技能的含义

职业技能是指与通用技能相对应的概念。高等教育阶段的职业技能是指大学生基于专业知识学习而形成的思维活动能力和职业实践能力，这些能力是以通往未来就业渠道和职业岗位计划为导向的，是大学生劳动技能提升的重心。具体而言，职业技能是对特定专业知识的应用能力，这种能力首先体现为一种思维活动，它能够改变人们对事物的看法，指导人们通过特定行为达到预期目的，当这种行为付诸实施并产生相应结果时，就表现为一种职业实践能力。

（二）职业技能的实践途径

职业技能的水平分为初级、中级、高级，由各职业技能鉴定中心按照国家职业技能标准鉴定。职业技能要在劳动中获取，并且在劳动中得到强化与拓展。职业教育更是与生产劳动密不可分，我们要积极参加生产劳动，把所学理论用于生产，不断应用、理解专业知识，不断学习、掌握专业技能，获取基本的职业生存发展能力。

掌握职业技能的实践途径主要有两个，主要是参加生产劳动和服务劳动。

1. 生产劳动

马克思认为，生产使用价值（包括物质产品和精神产品、有形产品和无形产品）或者生产商品并实现其价值的劳动，就是生产劳动。那时候生产劳动以尽可能生产数量更多、质量更高的物质产品并实现其价值为目标。随着社会的发展和进步，人类的生产劳动在不断演进，生产劳动的范围也在不断变化。在信息化、全球化的今天，生产劳动不仅体现为体力劳动，还体现为创造性的脑力劳动，尤其是在科学技术不断发展的背景下，未来还会产生更多的生产劳动新业态。❶

（1）生产劳动的分类

生产劳动一般是指农业生产劳动、工业生产劳动。

农业生产作为第一产业，是种植农作物的生产活动。广义农业包括种植业、畜牧业、渔业、林业、副业五种产业形式。农业生产包括粮、棉、油、麻、丝、茶、糖、菜、烟、果、药、杂（指其他经济作物、绿肥作物、饲养作物和其他农作）等农作物的生产，农业生产劳动一直以来和生活息息相关，是整个社会和国民经济存在与发展的基础。因此农业生产劳动作为劳动教育的一部分，是需要大学生认真学习和实践的。把农业生产劳动纳入大学生日常劳动中去，获得劳动带来的幸福感、尊严感和崇高感。

工业，是原料采集与产品加工制造的产业或工程。工业经历了手工业、机器大工业、现代工业等几个发展阶段，是社会分工发展的产物。工业在世界各国国民经济中都起着主导作用。我国的工业主要以基础工业部门为主，

---

❶ 教育部职教中心研究所. 劳动教育读本[M]. 北京：高等教育出版社，2021：030.

包括钢铁工业、机械工业、能源工业和高新工业。因此，工业生产作为国民经济中最重要的物质生产部门之一，广大大学生需要去了解工业生产劳动的内容，并且应当积极参与到工业生产劳动中去。❶

（2）大学生与生产劳动

制造强国的目标不是空中楼阁，质量为先的产品靠的是技能高超的高素质劳动者。因此，人才、创新、技术技能是实现制造强国的重要支撑。大学生与制造强国的目标同频共振。大学生头脑灵活，动手能力强，长期的生产劳动，不仅有益于技术的精进，也有益于培养其技术革新和技能创新的意识。大学生们重视新知识、新技术、新工艺、新方法在生产劳动中的应用，创造性地解决生产过程中的实际问题，积累职业经验，磨炼工匠精神，为日后成为大国工匠、能工巧匠奠定职业技能基础，为中国迈入制造强国行列、实现世界强国目标做出应有贡献。

从大学生劳动教育的角度来说，大学生从事的生产劳动更多体现为实习实训。大学生到专业对口的企业单位或者实训车间，在各自的岗位上直接参与生产过程，将所学理论与生产实践相结合，完成一定的生产任务，这是一种体验式、学习式的生产劳动。其目的是理论联系实际，运用所学专业知识生产出质量合格的产品，练就生存所需的职业技能，顺利实现学校与企业的联通，实现大学生职业技能与企业岗位的良好对接。

实习实训学习时，要严格遵守学校和企业的实习实训要求，严格遵守国家法律，自觉遵守社会公德，尊重当地风俗习惯及地域政策，做一名合格的社会公民。要遵守劳动规则，加强对劳动流程、劳动标准、劳动检查等相关制度的学习；掌握专业技能，熟悉多种劳动岗位职责，关注新技术的发展和运用，培养创新意识，拓展职业技能，能适应跨专业的、不断变化的职业劳动任务，为将来步入社会后做一名复合型人才做好准备；通过参与生产过程，体会劳动的辛苦，树立懂劳动、会劳动、爱劳动的劳动理念；践行并弘扬劳动精神、工匠精神、劳模精神，提升职业核心素养，提高职业竞争力。

2. 服务劳动

（1）服务劳动的含义。服务劳动是利用知识、技能、工具、设备等，为

---

❶ 金正连. 劳动教育与素质养成[M]. 北京：中国人民大学出版社，2020：087.

企业、他人或社会提供服务，以促进企业发展、国家和社会公共领域事业的发展、个人福祉为目的的活动。服务性劳动不直接生产有形的物质产品，不直接创造财富，主要生产使用价值。服务劳动可以是有偿服务，大学生可以凭借自己拥有的知识、技术、设备等服务他人、企业和社会，并获取相应的回报，为自己谋一席生存与发展之地，具有明显的利他性和利己性；服务性劳动也可以是无偿服务，大学生也可以从事以服务他人、奉献社会为目的的劳动，具有明显的公益性。服务类的劳动更加贴近大学生的生活，相较于农业生产劳动与工业生产劳动，对大学生在劳动教育这一方面影响大一些。

我国服务业快速发展，随着信息化时代的发展和经济结构的转型升级，2020 年我国第三产业增加值比重为 54.5%，比上年提高 0.6 个百分点。服务业快速发展，服务性劳动占比越来越高。由此可见，在当代社会学生不仅要积极参加生产劳动，还要参加服务性劳动，不仅要具备生产劳动技能，还要掌握服务性劳动技能。除注意遵守服务性劳动纪律、尊重服务对象、保护自身安全外，服务性劳动尤其要注意保证服务质量和完和完成服务任务。❶

（2）服务劳动的分类。服务劳动大致分为四个层次：第一，流通部门，比如商业、邮电通讯业、交通运输业；第二，生产和生活服务部门，比如旅游业、金融业、保险业、居民服务业、房地产管理业、信息咨询服务业和各类技术服务业；第三，为提高科学文化水平和居民素质服务的部门，比如电视、广播、卫生、体育、教育、科学研究和社会福利事业；第四，其他部门，比如国家机关、政党机关、警察、军队、社会团体等。这些服务类部门涉及面十分广泛，是大学生参加劳动的重要途径，也是我们实现劳动教育的重要资源。❷

（3）大学生与服务劳动。大学生要积极参加各种服务性劳动，在劳动中锻炼才干，在奉献中培养吃苦耐劳、勇敢担当的品质，才能做到"德、智、体、美、劳"全面发展，掌握个人必备的生存技能。大学生利用专业特长，积极参加力所能及的服务性劳动，为企业提供技术支持、劳动服务，为师生、为社会提供义务劳动。服务性劳动场地不只局限于学校，企业、福利院、乡村、社区都可以是开展服务性劳动的场所。从事服务性劳动同生产劳动实践一样，也是大学生练习并掌握生存必备的职业技能的重要途径。学生运用

---

❶ 教育部职教中心研究所.劳动教育读本[M].北京：高等教育出版社，2021：034.
❷ 金正连.劳动教育与素质养成[M].北京：中国人民大学出版社，2020：090.

"一技之长"为他人、企业、社会服务的过程，也是在实践中检验所学理论知识的过程，在服务性劳动的实践中精益求精，有利于拓展并提升职业技能，增强生存本领。

要通过各种措施和方式，教育引导大学生牢固树立热爱劳动的思想、养成热爱劳动的习惯，为祖国发展培养一代又一代勤于劳动、善于劳动的高素质技术技能人才。大学生要积极参加各种劳动，发扬劳模精神、工匠精神。以后不论从事什么样的工作，都要努力学习、善于实践，踏踏实实地劳动，兢兢业业地做好每一份工作。多参加大学生假期里的"三下乡""四进社区"社会实践活动等服务性劳动。这些服务性劳动不仅能锤炼个人劳动技能，还能服务社会，更好地实现个人价值。通过生产劳动，推动劳动教育，练就职业技能，增强劳动教育的吸引力、感染力，让劳动教育走进心里，提高劳动教育的实际效果。

二、大学生专业实践

中共中央、国务院印发的《关于全面加强新时代大中小学劳动教育的意见》指出，"劳动教育是中国特色社会主义教育制度的重要内容，直接决定社会主义建设者和接班人的劳动精神面貌、劳动价值取向和劳动技能水平。"与中小学阶段不同，高等教育阶段的专业性更强，大学生毕业后距离劳动力市场更近，因而大学劳动教育更加突出专业知识与劳动技能的融合提升，更注重通过劳动教育增强大学生的专业应用能力和劳动创造能力。高职院校的专业实践是提升职业技能最优的方式。技术技能的学习过程，理论与实践紧密结合，专业实践在高职院校大学生提升职业技能方面发挥了重要作用。

（一）专业实践的重要功能

获取职业技能需要专业知识的指导和专业思维的引导，更需要在实践活动中持之以恒的学习、模仿、操作和训练。尽管各高校关于大学生专业实践的要求不尽相同，各专业的实践方式也千差万别，但通过多样化的专业实践提升大学生专业技能的目标却是明确的，这同时也是新时代高等教育阶段加强劳动教育的重要路径之一。❶

---

❶ 赵鑫全 张勇．新时代大学生劳动教育[M]．北京：机械工业出版社，2021：092．

1. 以专业实践提升职业技能

专业实践是提升职业技能的核心环节。职业技能与岗位设置相关，是特定岗位专门需要的技术和能力，也是岗位价值的重要体现。对于正在接受高等教育的大学生来说，熟知一门专业知识，掌握一项职业技能，也就具备了成为专业人才的基础条件，拥有了在生产和服务过程中体验不同形式劳动发展的机会。大学生专业技能的提升首先需要掌握系统的专业知识，形成坚实的专业理论支撑，在此基础上不断强化专业思维培养，积极参加各种形式的专业实践活动，围绕职业发展加强创造性劳动训练。实现"岗位基础能力——岗位单项能力——岗位综合能力——岗位适应能力"螺旋递进。

2. 以专业实践提升职业素养

有关调查显示，企业录用员工最看重的六种素质依次是综合素质、敬业精神、专业技能沟通与表达能力、团队精神、诚信。这些基本都是职业素养的核心要素。职业素养是职业内在的规范和要求，是在工作过程中表现出来的综合品质，包含职业道德、职业技能、职业行为、职业作风和职业意识等方面。高职院校大学生在专业实践过程中，尤其是在校外企业的专业实践中，要将自己作为职场中的一部分，不管做什么都要做到最好，用心去做，通过专业实践，增强责任感和使命感，提升职业素养，成为高素质技术技能人才。

3. 以专业实践提升职业伦理

随着科学技术的不断进步，我国正在逐步实现从工业大国向工业强国的转变，这就需要大批顶尖高技术技能人才，同时这些高技术技能人才需要对职业领域的公众健康、安全和人文等社会影响有足够的认识，具备高度的社会责任感，正确的价值观和利益观、强烈的职业伦理道德意识，能对专业工作进行道德价值判断。专业实践对有效培养学生的职业伦理有得天独厚的优势。大学生在专业实践过程中，能真实感受到这一职业领域从业人员的行为标准职业精神和态度、职业活动中的社会分工等，从而前瞻性地培养自己在这领域的职业道德、技术伦理，使自己具备良好的职业伦理。

(二)专业实践的社会价值

新时代,中国的高铁走出国门、"天宫"遨游太空、网络支付快捷便利、5G技术引领潮流,"中国制造"遍布世界,并向"中国质造"和"中国智造"挺进。经济的腾飞离不开千百万能工巧匠、社会的进步离不开数以亿计的高素质劳动者。

高职院校作为职业技能人才的摇篮,有着不可替代的作用。它为大学生提供专业实践机会,培养出我们国家数以百万计的工匠,实实在在地开创了中国制造的奇迹。高职院校也提高大学生的专业能力、职业素养、综合素质,这是具有专业特征的劳动教育。同样,专业实践劳动也必将创造中国职业教育的光明未来,我们应以此为荣。❶

生活劳动技能

生活劳动技能是一个人日常生活中进行劳动所需要的技术和能力。青年学生必备的生活技能主要通过家务劳动实践和学校生活劳动实践来提升。

一、生活与生活劳动

(一)生活

生活,指为生存发展而进行的各种活动,是衣食住行等方面的情况、境况。广义上的生活,是指人的各种活动,包括日常生活行为、学习、工作、休闲、社交、娱乐等。谈起生活就离不开劳动,而劳动是人类创造物质财富和精神财富的活动。

一个热爱生活的人,更是离不开劳动。往往懂得劳动付出,他们主动守护家人,积极服务社区。一个热爱生活的人,也往往有理想、有追求,

---

❶ 彭远威 张锋兴 李卫东.高职生劳动教育教程[M].桂林:广西师范大学出版社,2020:146-147.

他们会通过为自己营造一个适宜的生活空间，积极享受生活，记录生活、分享生活。

（二）生活劳动

生活劳动是指可以直接满足生活需求的劳动，生活劳动是在具备生活条件的基础上对生活条件进行改造，并直接服务于人的劳动。生活劳动可分为技能型生活劳动和审美性生活劳动两方面。

1. 技能性生活劳动

技能性生活劳动就是通过操作性技术技能改造生活资料（或者生活条件）以满足生活需要的劳动形式，如做饭、更换灯泡、洗衣服、打扫卫生等。现代生活劳动尤其是技能性生活劳动也要求人们具备一些现代化的技术能力。

2. 审美性生活劳动

审美性生活劳动与技能性生活劳动的区分主要是在层次上。这个层次的劳动，不仅对人的技术能力提出了要求，还要求人们具有感知、想象等方面的能力，这些就是审美养成和创造美的能力。

二、家务劳动技能

生活劳动教育是一个由多元因素构成的整体，在这些多元因素中，家庭是个重要因素。家庭是第一个社会群体，家长是孩子的第一位老师，良好的劳动习惯、劳动品质的形成，往往从家庭劳动开始。

（一）家务劳动

劳动教育是培养德智体美劳全面发展的社会主义建设者和接班人的重要环节，家务劳动是人类社会中存在于家庭领域中的人类劳作的形式，是劳动教育体系里最重要的板块之一，是人生的第一堂劳动课。家务劳动与我们最亲近，是我们最早接触到的劳动类型，是从小到大都需要掌握的技能。

家务劳动是我们人类社会最为常见、最为古老的基本的劳动方式之一，

自从有了人类社会，家庭中的家务劳动便作为维持人类生存生活需要的重要手段而留存下来。它与市场经济中的生产劳动共同组成了人类不断发展进步的重要部分。

（二）家务劳动的分类

家务劳动是家庭成员为了维持家庭成员正常生活而付出的没有任何经济报酬的劳动，是一种无偿劳动。具体的家务劳动可以分为两类：一是提供住户自身最终使用的无偿家务劳动；二是提供给住户家庭成员的无偿护理劳动。提供给住户自身最终使用的无偿家务劳动一般包括家庭管理、电灯泡的更换、购物、衣物和鞋类的打理、自己动手的装修维修以及小规模修缮、住宅及周围的清洁和维修、提供食物以及提供自身最终使用的无偿家庭服务有关的其他劳动。提供给住户家庭成员的无偿护理劳动一般包括：向无抚养关系的成年人提供帮助、照顾有抚养关系的成年人，照顾儿童以及与提供给住户无偿护理相关的其他劳动。而大学生主要做的家务劳动还是第一项——提供给住户自身最终使用的无偿家务劳动。通过家务劳动，可以提高大学生的劳动素养，促进他们形成积极的劳动态度和良好的劳动习惯，克服不良的劳动价值观，培养自觉劳动、热爱劳动的精神，使大学生能更好为人生发展奠定基础。❶

（三）家务劳动的意义

家务劳动是劳动教育中非常重要的部分，但是长期以来，与其他劳动类别相比，家务劳动普遍受到轻视。家务劳动也有一半劳动的本质特征，是创造使用价值的活动，但这一本质常常被忽略。这是因为人们的生存长期主要依赖于其他劳动，其他劳动的作用看起来就更突出。家务劳动看似平常，却是一项非常有意义的家庭活动。家务劳动是紧密将劳动、学习和亲情结合在一起的最佳途径。把身边的家务劳动做好，有助于正确认识劳动，"劳动光荣、技能宝贵、创造伟大"的理念成为新时代高职院校大学生的新风尚。

进入大学、企业实习、社团活动志愿服务、家务劳动等，都是学习实践的重要内容。其中家务劳动是我们最容易进行，也最早参与的一项劳动实践。家务劳动能培养大学生的逻辑思维能力和动手能力，家务劳动可以培养大学

---

❶ 金正连，劳动教育与素质养成，北京：中国人民大学出版社，2020：93.

生独立生活的能力，家务劳动可以培养大学生的责任感和意志力，家务劳动可以培养大学生吃苦耐劳的精神。家务劳动是其他各种劳动的基础，也是做好其他生活学习和工作等方面的基础。如有利于我们在学校持续开展日常生活劳动，自我管理生活，提高劳动自立自强的意识和能力。因此，我们在学习之余应适当进行家务劳动，掌握基本的生活技能，做一个全面发展的新时代青年。

1. 有益身心健康

家务劳动的过程是肢体和头脑协同活动的过程。清洁、烹饪等日常家务劳动既需要体力又需要技巧，可以活动四肢筋络，活跃大脑思维，提高动手能力和解决实际问题能力，有益于身心健康。家务劳动中锻炼出的勤劳之手，可以让人终身受益。

2. 增强责任意识

《后汉书》说："一屋不扫，何以扫天下？"意思是说，你今天连打扫房间这样的小事情都不愿干，那么以后你怎么干得了大事？愿为天下者，须从一屋开始。细节看似琐碎，却体现品质；家务虽然细小，能培养责任感。家长鼓励孩子参与家务劳动，能对孩子的未来施以极为重要的积极影响——培养孩子的责任感，让他们学会设身处地为他人着想，并增强关爱他人的友爱之心。❶

3. 提升就业竞争力

家务劳动有助于个体很好地实现劳力与劳心、理论与实际的两个结合。如大学生在家里提起较重的物品时，可以联想到杠杆原理来寻找更方便、更轻松的方法。大学生通过参与家务劳动，培养了动手能力、解决问题的能力、判断与决策力、执行力，从而有助于提升就业竞争力。实践表明，个体参加家务劳动的益处，表面看是养成了劳动习惯、提高了生活能力，深层看是改变了个体的思维方式，对其一生的学习、做事做人都会产生良好的影响。高职院校的专业具有学思并举、脑手并用的特点，如果我们从小就在家务劳动方面建立起动手的好习惯，那么将来也能够在工作中胜人一筹，所以掌握家务劳动技能将为个人的发展提供光明的未来。

---

❶ 教育部职教中心研究所.劳动教育读本[M].北京：高教出版社，2021：025.

（四）树立正确的家务劳动价值观

提高包括广大劳动者在内的全民族文明素质，是民族发展的长远大计。切实加强家庭生活劳动素养的提升，才能成为有较高文化素养和劳动技能的劳动者。因此，提高劳动者的素质，要把大学生走向社会的最后一个阶段切实抓好，而家务劳动是人生的第一堂劳动课，是树立正确劳动观的开始，也是培养大学生养成良好习惯和品质的起点。大学生要弘扬劳动精神，要积极参与家务劳动，锻炼出热爱劳动、崇尚劳动、尊敬劳动的品质。在实践家务劳动中，大学生要注意培养劳动技能和劳动品质，劳动技能的培养能使大学生有更强的动手能力，逻辑思维能力、沟通协调能力和分析解决问题的能力，劳动品质的培养能使大学生拥有责任感、意志力、独立性、吃苦耐劳等优良品质，这些都为大学生树立社会主义核心价值观打下坚实的基础，形成正确的劳动价值观。

（五）家务劳动基本原则

做家务时，方法要科学，注意以下几个方面。

（1）实时原则。保持干净的秘诀，就是在用过之后马上清洁。地上的垃圾即使清扫、及时做完，既省时间又省力气。

（2）分散原则。由简到难原则做家务时，将家务分散来做，每次做一点，可以降低集中做家务的工作量。可以从较为简单的工作入手，比较容易获得劳动成就感。

（3）省时原则。要注意统筹规划以节省时间。洗衣服时可以先将一些待洗衣物放进洗衣机自动清洗，利用洗衣机洗衣服的时间再去做擦桌子或其他的工作。

（六）大学生积极参加家务劳动

大学生基本上是成年人，所有的家务劳动都可以做，应经常参与做饭、打扫卫生、洗衣服、美化房间、修补衣服、修理家具等家庭劳动，并且还可以利用所学的知识做相对复杂和专业的家务劳动。比如，自己动手装修、维修和小规模修缮。家里的电灯、电脑如果坏了，可以自己动手修一修，家里的家具如果有松动的地方，可以自己动手钉一钉等。总之，在前面所述的各种家务的基础上能够学会像父母一样管理好整个家庭，掌握好家务劳动的知识与技能，懂得劳动的真谛，就能真正做好家务劳动。

三、校园劳动技能

（一）校园劳动的概念

校园劳动和其他形式的劳动有些不一样，它不仅承担着一定形式的劳动，还肩负着劳动观念的教育。校园是大学生劳动教育的主要场所，也是大学生树立正确劳动观的思想教育基地，学校要培养大学生德智体美劳全面发展，实现"五育并举"。2018年全国教育大会要求，引导大学生崇尚劳动、勤于劳动，在教育教学中弘扬劳动精神，培养大学生在劳动中脚踏实地、勇于创新。不仅体现了学校关于确定立德树人根本任务的现实要求，而且是新时代做好大学生劳动教育的行动指南，同时劳动教育也被清晰明确地定为教育体系的重要组成部分。而校园劳动作为劳动教育体系的一部分，是劳动教育关于理论和实践很好的结合，实践是需要理论进行指导的，而劳动理论的教育主要依靠学校的教育，大学生在学校学到的劳动教育知识，首先就应当运用到校园劳动中去。

（二）校园劳动的意义

全国教育大会对加强劳动教育做出重要部署："要在学生中弘扬劳动精神，教育引导学生崇尚劳动、尊重劳动，懂得劳动最光荣、劳动最崇高、劳动最伟大、劳动最美丽的道理，长大后能够辛勤劳动、诚实劳动、创造性劳动。"校园劳动不仅能从思想上培养学生树立良好的劳动价值观，而且能从行动中支持劳动教育的开展，是理论与实践的完美结合。

校园劳动是大学生参加的主要劳动，也是培养大学生树立正确劳动观的主要场所。校园劳动一是有助于培养正确的社会主义核心劳动观；二是有助于养成良好的劳动习惯；三是有助于培养团队精神。大学生在校园生活劳动中各司其职，互相配合完成任务，有助于培养其团队精神。

在校园参加劳动，能够让大学生养成勤奋、实干的好习惯，促进科学作息，有利于增强行动力和执行力。劳逸结合，有助于提高大学生的学习效率，有益于心身健康。同时，在校园参加劳动，还能够让大学生体验不同职业的艰辛。在学校劳动中，大学生可以体验到众多的劳动者角色，包含了保卫、清洁等多个工种，这些工作有利于大学生一边劳动一边观察，自觉养成文明好习惯，主动地去配合安全检查和安全询问，也可以减少乱扔垃圾、乱贴乱画等不文明行为。大学生参与学校的安全、保洁等领域的工作，还能增强主人翁意识，在学习、工作过程中养成良好的行为习惯。❶

（三）校园劳动的形式

在校园中提升生活劳动素养的途径有：认真学习劳动教育课程，参加学校劳动活动，主要分为课堂劳动和课外劳动。

1. 课堂劳动

课堂上的劳动主要展现形式是劳动课，学生可以在劳动课上参加劳动，提高自己的动手能力。学校劳动课程大致可以概括为劳动健身课程、劳动技能课程、劳动艺术课程和劳动实课程。

学校生活劳动是指学生在校园内开展的日常性劳动。主要包括打扫宿舍卫生、校园保洁、教学区卫生、绿化美化、勤工俭学等。宿舍、教室和校园是我们生活和学习的地方，宿舍卫生、教室卫生和校园卫生需要我们每个人注意清洁和维护。大家共同行动，才能保持美丽干净的校园环境。

2. 课外劳动

校园劳动的展现形式主要还是课外劳动，学生除了在课堂上学习知识外，其他大部分时间都在课外劳动中学习。课外劳动大致可以分为打扫卫生和参加活动两大板块。

（1）打扫卫生。打扫卫生包括教室卫生、寝室卫生和校园卫生。

（2）参加活动。参加活动包括勤工助学和社团活动，校内设立勤工助学岗位，主要是让学生在帮助老师处理日常事务的同时也学会热爱劳动、尊重劳动。❷

校园生活劳动有其特殊性，既要有集体主义观念，服从分配，又要注意安全，规避危险。在参加校园劳动时，要遵守劳动纪律，从集体利益出发，服从分配，认真完成劳动任务。加强劳动锻炼，养成热爱劳动的习惯。

---

❶ 王官成，徐飙.劳动教育和职业素养训练[M].北京：中国人民大学出版社，2020：35.
❷ 金正连.劳动教育与素质养成[M].北京：中国人民大学出版社，2020：102-103.

第二节
社会劳动技能

大学生就业之前，通过社会义务劳动、社会志愿服务等相关社会劳动，引导大学生正确认知社会，训练大学生形成尊重他人、帮助他人、服务社会的意识，促进全面发展。大学生要掌握社会技能，在所处的家庭与学校、工作（实习）环境、乡村与社区等环境中，利用自己的专业技术技能奉献社会，同时提升自己的社会技能。大学生经常参与社会劳动，如打扫卫生、绿化环境、整理设备、修理器具等工作，是提升生活劳动素养的重要途径。作为大学生必须具备相应的知识体系，需要参加社会劳动，需要理论与实践的结合。通过参与社会劳动，大学生可以更加深入的了解社会，增长才干，锻炼动手能力，提高劳动技能。

一、服务性劳动

（一）服务性劳动的概念

服务性劳动是指直接服务于社会的不计报酬的义务劳动，它既为生产服务，又为生活服务，在现代经济中占有越来越重要的地位。开展服务性劳动是对政府服务模式的延伸，是对新时代社会管理的有益补充。引入更多的人员参与服务性劳动，承担一定的社会公共服务功能，有利于整合优化资源，增强公共服务的力量。

（二）服务性劳动的内容

传统服务性劳动的内容主要体现在教育、医疗健康、养老、托育、家政、体育、文化和旅游等社会领域，以满足人民群众多层次、多样化需求，依靠多元化主体提供服务的活动，直接体现着广大人民群众最关心最现实的利益问题。而随着经济社会的发展，人们也越来越注重个性发展，这就需要结合产业新业态、劳动新形态，选择新型服务性劳动的内容。以满足更多的个性化需求。

（三）服务性劳动的特征

服务性劳动具有以下特征：一是不以营利为目的，具有无偿性或低偿性；二是主要针对人群中的困难群体、边缘群体、弱势群体和问题群体；三是服务的实施人员主要是专业社会工作者和志愿者。

中共中央、国务院在《关于全面加强新时代大中小学劳动教育的意见》中强调高等学校要注重培育公共服务意识，使学生具有面对重大疫情、灾害等危机主动作为的奉献精神。服务性劳动的参与者也能在奉献中实现人生价值，获得成就感、愉悦感，其受众也能据此增加幸福感。

二、大学生开展服务性劳动的类型

大学生开展服务性劳动是指大学生走出校门，深入基层、深入实际，开展教学实践、社会调查、勤工助学、顶岗实习等社会实践活动以及志愿服务活动，在实践中受教育、长才干、做贡献，树立和践行社会主义核心价值观。

（一）社会实践

社会实践是指人类认识世界、改造世界的各种活动的总和。大学生参加的社会实践一般有暑期"三下乡"活动、社会调查、勤工助学、顶岗实习，以及公益劳动和环境保护活动、课外科技活动、课外创业活动、军训、专业性社会实践、挂职锻炼等。它对于在校大学生具有加深对本专业的了解、确认适合的职业、向职场过渡做准备、增强就业竞争的优势。❶

（二）志愿服务

1. 志愿服务的含义

20世纪90年代，中国青年志愿者出现，义务劳动与志愿服务便开始了新的融合。志愿服务是一种有组织的社会公益服务，是由内在志愿精神所支撑的，由自愿自觉的内部动机所指引，利用个体知识、技能、体能或财富

---

❶ 王官成 徐飙.劳动教育和职业素养训练[M].北京：中国人民大学出版社，2020：39-40.

服务社会，不计外在报酬、奖励的一种非营利、公益性活动。

2017年国务院颁布中国首部志愿服务行政法规《志愿服务条例》，其中界定"志愿服务，是指志愿者、志愿服务组织和其他组织自愿、无偿向社会或者他人提供的公益服务"。

志愿服务不仅仅是一种做好事和助人为乐的简单活动，而是一种系统地、有组织地、自愿地开展的社会公益服务。它作为社会建设和社会管理的重要组成部分，弥补了政府、市场和个人力量的短板，起到了加强国家和个人相互联系的桥梁作用。

2. 志愿服务的特征

志愿服务有志愿性、无偿性、公益性和组织性四个基本特征，其特征的精髓是奉献精神。

3. 志愿服务的原则

志愿服务是一种典型的公益劳动，它可以培养大学生乐于奉献的精神。大学生在志愿者服务中，可以锻炼劳动技能，增强责任感，强化劳动教育意识，从而深化对劳动创造人、劳动创造世界的认识。

《条例》明确指出，开展志愿服务，应当遵循自愿、无偿、平等、诚信、合法的原则，不得违背社会公德、损害社会公共利益和他人合法权益，不得危害国家安全。大学生的志愿服务可以分为校内志愿服务和校外志愿服务两部分，具有以德为先原则和动机需求合一原则。

三、校内志愿服务

（一）校内志愿服务的含义

校内志愿服务一般根据学校活动的需要，临时招募一批有责任感的志愿者协助学校组织活动。校内志愿服务指不计定额、不要报酬、自觉自愿地为社会劳动学校义务劳动，可以理解为由学校、班级、宿舍、社团等牵头组织，或者学生自发组织，无偿地从事一些力所能及的、有利于校园环境、社区（乡村）环境的劳动。针对不同的活动招募的志愿者要参加相关方面的培训，然后在食堂、图书馆、操场教室、实验室、宿舍、报告厅等学习生活场地开展相关的志愿活动。

（二）校内志愿服务的具体内容

校内志愿服务的时间，既可以是上学期间，也可以是假期；劳动的地点可以在校内，也可以在校外；劳动的内容既可以是以体力为主，也可以是以脑力为主，比如参与"三下乡"、志愿服务、社区报到等社会实践。在校园里，简单如扫地、擦黑板、清理多媒体讲台等都是有意义、有价值的劳动。校内志愿服务是根据学校组织的不同活动而招募的志愿者服务活动，校园里有个专门从事志愿者服务的社团叫青年志愿者协会，大学生在校园内可以加入青年志愿者协会，这个社团会组织本部门的干事参加各种志愿活动，是大学生在校园里做志愿服务的主要途径。大学生可以通过报名的方式加入志愿者服务，然后接受相关的培训。在某些大型的比赛活动中，需要布置场地、做好宣传、印发好相关的通知和资料、接待参赛人员、安排人员住宿、提供参赛者餐饮以及维持观场做好引导工作等，这些都需要志愿者的参与。负责不同板块的志愿者任务不同，接受的培训也不同，只有团结合作才能成功举办一场比赛。同样的，除了一些大型比赛，学校还会组织一些活动，比如国庆活动、元旦文艺汇演活动等，都需要大量的志愿者参加，学生在校园内积极参加志愿服务，也是对自己的一种磨炼和提升。

（三）参加校内志愿服务的意义

参加校内志愿服务，培养劳动意识，学习适应劳动生活，为班级、为学校奉献自己的一份力量，是大学生的动机与需求。大学生参加义务劳动，有助于学会尊重他人的劳动成果，能帮助我们改掉身上的不良习惯。

参加校内志愿服务，触摸生活，认知公德，有助于提高劳动者素质、培养青年大学生劳动精神、激发大学生内在生命力。当我们出力流汗、服务同学、服务社会时，可以切实感受到义务劳动所带来的成长以及所创造的丰富价值。参与社区卫生清洁、校园美化，参与环境的整治，在付出劳动的同时，我们收获了幸福。❶

踏实实践，涵养美德。大学生践行社会志愿服务，提升实践能力，感受劳动快乐，得到知识的更新、技能的提升。

---

❶ 教育部职业技术教育中心研究所，劳动教育读本[M]，北京：高等教育出版社，2021：038.

四、校外志愿服务

（一）校外志愿服务的含义

校外志愿服务相比较校内志愿服务，服务的范围要广很多。校外志愿服务一般是通过学校联系的一些需要帮助的政府部门和社区，定时定点地进行志愿服务。根据志愿服务的领域不同，校外志愿服务大致可分为社区基层志愿服务、环境保护志愿服务、大型活动志愿服务、社会援助志愿服务、应急救灾志愿服务以及国际交流志愿服务。❶

（二）参加校外志愿服务的意义

参与实践，修德明辨。劳动教育是苏霍姆林斯基教育思想的重要组成部分，"离开劳动不可能有真正的教育"，志愿服务是社会实践，是劳动教育的重要载体之一，在志愿服务过程中，个体素质得到全面锻炼与提升。《志愿服务条例》中规定，高等学校、中等职业学校可以将学生参与志愿服务活动纳入实践学分管理，所在省区的志愿服务网可以记录时长。《深化学校共青团改革的若干措施》明确参与"三下乡"、志愿服务、社区报到等社会实践表现，可以作为"第二课堂成绩单"记入学生的成长档案，留下其成长痕迹。

大学生要能把握自己的优势，诚实劳动，以自己的技能专长造福他人，获得他人尊重。从事社会志愿服务，可以实现个体幸福与社会幸福的和谐统一。

（三）参加校外志愿服务的类别和路径

共青团中央在《中国注册志愿者管理办法》中界定志愿服务类别有扶贫济困、助老助残、社区服务、生态建设、大型活动、抢险救灾、社会管理、文化建设、西部开发、海外服务等。2019年，全国大中专学生志愿者参加的暑期文化科技卫生"三下乡"社会实践活动很多是公益实践，志愿者深入农村、社区等基层一线的公益性岗位，开展服务群众的工作。2020年，在疫情防控常态化形势下，大学生"三下乡"社会实践工作继续开展，重点包含五个方面，助力疫情防控和复工复产；投身打赢脱贫攻坚战；参

---

❶ 金正连.劳动教育与素质养成[M].北京：中国人民大学出版社，2020：108-109.

与乡村振兴战略实施；参加新时代文明实践志愿服务；开展返家乡社会实践。这些都是青年学生参与志愿服务的优选路径。大学生应积极参加社会实践和志愿服务，形成生命个体与现代社会新的融合，获得新的成长路径、进步渠道和展示舞台。

 思考题

1. 简述职业技能的含义。
2. 简述大学生开展服务性劳动的类型。

第四章
劳动实践——以垃圾分类为例

"垃圾是放错了地方的资源。"垃圾分类就是将垃圾分门别类地投放，并通过分类清运和回收，使之重新变成资源。随着社会经济的发展和人们生活水平的提高，生活垃圾的产量越来越多，成分也变得越来越复杂，这不仅对环境造成污染，也是对资源的一种浪费。垃圾分类作为生态文明建设中的重要内容，对建设美丽中国和满足新时代人们对美好生活的需要具有重要意义。垃圾分类是实现生活固体废物减量化、资源化、无害化的前提和基础，是实现垃圾减量、提质、增效的必然选择，可以有效解决由垃圾所引发的一系列环境问题。节约资源是保护生态环境的根本之策。保护环境的根本之策是节约资源，这就要求改变环境污染末端治理的思路，治理污染从源头入手。学校治理污染是从垃圾分类做起，坚持节约资源和保护环境的基本国策，大力推进能源资源节约和循环利用。

　　解决环境问题的根本和唯一的途径是节约资源。我国资源压力问题凸显。近年统计，我国669个城市中有400个供水不足，110个严重缺水。在32个百万人口以上的特大城市中，有30个长期受缺水困扰。全国城市日缺水量达1600余万立方米。因缺水，工业经济年损失估计高达2300多亿元。要解决生态环境问题唯一出路就是节约资源，加强全过程节约管理，大幅降低能源、水、土地消耗强度，大力发展循环经济，促进生产、流通、消费过程的减量化、再利用、资源化。❶

　　2020年，《中国青年报》面向全国900名大学生发起问卷调查。调查结果显示，87.4%的大学生支持垃圾分类，希望所在城市实施垃圾分类措施。调查对象中，43.9%的大学生在处理垃圾时会有意识地进行分类。但完全掌握垃圾分类标准的仅有4.6%，42.3%能分辨大部分，43.4%表示部分能分辨，9.7%表示基本不能分辨。大学生是推动垃圾分类的重要参与群体和示范群体，掌握垃圾分类相关知识，形成垃圾分类意识，宣传垃圾分类知识，助推社会文明进步，是新时代大学生的使命担当和社会责任。

---

❶ 教育部职教中心研究所．劳动教育读本[M]．北京：高等教育出版社，2021：106-107．

第四章 劳动实践——以垃圾分类为例

第一节 分类意义

一、垃圾分类的含义

（一）垃圾分类

"垃圾"在辞海中被解释为废弃无用或破烂之物，多用来比喻失去价值的事物。随着经济与社会的发展，垃圾所产生的类型也不断增多，包括生活垃圾、医用垃圾、建筑垃圾、工业垃圾等。垃圾分类是当今垃圾管理的重要组成部分，对实现垃圾的资源化利用、促进社会可持续发展具有重要意义。垃圾分类，一般是指按一定规定或标准将垃圾分类储存、分类投放和分类搬运，从而转变成公共资源的一系列活动的总称。实施垃圾分类的主要目的是促进资源的回收利用，实现生活垃圾的产业化、资源化、减量化和无害化，有效改善城市环境。

"垃圾分类"这一概念在中国最早提出于1957年7月12日。当天于《北京日报》发表《垃圾要分类收集》，民众首次了解到垃圾分类的概念，从官方角度呼吁垃圾分类的行为。

一系列政策法规的出台，对垃圾分类做出管理要求和目标。2016年中央财经领导小组第十四次会议提出要普遍推行垃圾分类制度，要加快建立分类投放、分类收集、分类运输、分类处理的垃圾处理系统，形成以法治为基础、政府推动、全民参与、城乡统筹、因地制宜的垃圾分类制度，努力提高垃圾分类制度覆盖范围。这是第一次出台政策制度将垃圾分类规范起来。2019年11月15日，住建部发布了《生活垃圾分类标志》新版标准，将生活垃圾从之前的六大类别统一调整为厨余垃圾、可回收物、其他垃圾、有害垃圾四类（见图4.1），同年12月1日起正式实施，为更好地推进生活垃圾分类治理工作保驾护航。

厨余垃圾　　可回收物　　其他垃圾　　有害垃圾
Food Waste　Recyclable　Residual Waste　Hazardous Waste

图4.1　生活垃圾分类及标志

而根据生活垃圾分类的含义来看，可分为"广义"和"狭义"两个层次。从广义的角度来看，生活垃圾分类是指按照生活垃圾的不同成分、属性、回收价值以及对环境的影响，将生活垃圾分类收集、分类投放、分类运输以及分类处理的整个一系列过程。而从狭义的角度来看，生活垃圾分类仅仅指居民和单位根据规定的垃圾分类标准进行分类收集与投放的行为。

（二）生活垃圾

生活垃圾是在日常生活中或为其提供服务的活动中产生的固体废物及法律和行政法规规定视为生活垃圾的固体废物。生活垃圾的来源十分广泛，主要包括居民住宅区垃圾、街道清扫垃圾以及商业网点垃圾等。生活垃圾与居民的生活息息相关，占垃圾总量的比例较大。

1. 城市生活垃圾

《中华人民共和国固体废物污染环境防治法》中有关于"城市生活垃圾"的定义，即城市生活垃圾包括"一是城市内生活的居民，在生活、工作中产生的垃圾，如残羹剩饭、菜叶、粪便、废纸、废塑料、破旧家具、废弃家电、瓶瓶罐罐等；二是为人们日常生活提供服务的餐饮业、宾馆、招待所、车站、码头、医院、商店等在提供社会服务时产生的各类固体废物；三是除上述生活垃圾外，法律法规规定作为城市生活垃圾管理的固体废物，如建筑施工过程中产生的渣土、拆除或破损的砖瓦、废木料等建筑垃圾。"一般来说，生活垃圾指的是在城市居民的日常生活中，为了满足城市居民的日常生活所需以及以城市生活提供服务为目的，从天然自然转化成人工合成品的过程中，生产出的既不能在生活实践中使用，也不能够被自行消纳的合成品。

2. 农村生活垃圾

农村生活垃圾，是在农村日常生活中及有利于日常生活的各种便利服务活动中产生的废物，另外也包括各种法律法规所规定的固体废物。农村生活垃圾可分为易腐垃圾、可回收物、有害垃圾和其他垃圾。在传统农业生产生活方式下，农村生活垃圾通常是指有机物，如厨余垃圾、植物残体之类，也有少部分如煤渣、建筑垃圾之类的无机物垃圾，这与城市生活垃圾的构成有着较大的差异。

二、垃圾分类的价值

垃圾分类是指根据垃圾中废弃物的种类、性质等分别进行收集的行为，分类的目的是方便后续的处置环节并回收一部分可再生资源。一方面，通过分类可以将不同品种的垃分开处置，降低各终端垃圾处置量，还可降低垃圾对终端处置设备工艺的要求，对设备的损害更少，可以大大减轻后端处置的技术压力、成本压力及产能压力；另一方面，垃圾中含有 15%～30% 的可再生利用资源，这些资源如果直接随着混合垃圾进入填埋或者焚烧节，无疑是一种巨大的浪费，而通过合理的分出，如塑料、纸张、金属、织物、电子电器都具有很好的回收利用价值，同时能够产生很大的经济价值。

（一）减少环境污染，节省土地资源

我国现有的垃圾处理方式包括填埋和焚烧。对垃圾进行填埋处理，即使是在远离生活的场所并采用相应的隔离技术，也难以杜绝有害物质渗透。这些有害物质会随着地球的循环而进入整个生态圈。污染水源和土地，通过植物或动物，最终影响人们的身体健康。另外，垃圾焚烧也会产生大量危害人体健康的有毒气体和灰尘。

填埋和堆放等垃圾处理方式占用土地资源，且垃圾填埋场属于不可恢复场所，即填埋场不能够重新作为生活小区使用。此外，生活垃圾中有些物质不易降解，填埋后将使土地受到严重侵蚀。据统计，垃圾分类可以使人均生活垃圾产生量减少三分之二。通过垃圾分类，有很大部分垃圾是不需要填埋，也不需要焚烧的。大量减少垃圾的填埋和焚烧，从而减少环境污染和节省土地资源。

（二）促进资源的循环利用

垃圾的产生源于人们没有利用好资源，将自己不用的资源当成垃圾抛弃，这种废弃资源的行为对整个生态系统造成的损失是不可以估计的。通过垃圾分类，回收可利用的垃圾，就可以将垃圾变废为宝，促进资源的循环利用。

此外，垃圾分类有利于改善垃圾品质，使焚烧（或填埋）得以更好地无害化处理，可以提高无害化处理效果。例如，分类焚烧可起到减量（减少垃圾处理量）、减排（减少污染排放量）、提质（改善燃烧工况）、提效（提高发电效率）等作用。

（三）提高民众的环保意识

垃圾分类是处理垃圾公害的最优解决方法和最佳出路。垃圾分类能够让公民学会节约资源、利用资源，养成良好的生活习惯，提高个人的素养。一个人如果能够养成良好的垃圾分类习惯，那么他就会关注环境保护问题，环保意识逐步提高，在生活中注意资源的珍贵性，养成节约资源的良好习惯。❶

分类标准

一、垃圾分类的政策

新中国成立以后，国家就一直高度重视环境治理整改，注重生活环境建设和垃圾分类处理。全国很多城市，根据政策法规，制定了相应的垃圾分类形式和标准。

（1）北京。从 2020 年 5 月 1 日开始，北京市正式实施新修订的《北京市生活垃圾管理条例》。（以下简称《条例》）。为做好《条例》的落地实施，北京市城管执法局进一步建立健全生活垃圾分类日常执法检查机制，在 2020 年

---

❶ 卢璐，刘杨林 钟磊. 大学生劳动教育教程[M]. 北京：航空工业出版社，2020：91.

5月1日至7月31日期间，有计划有步骤地集中开展为期3个月的生活垃圾分类强化执法专项行动。根据《条例》规定，对于单位责任主体不按规定分类投放生活垃圾，城管执法门将责令立即改正，处1000元罚款；再次违反规定的，处1万元以上5万元以下罚款。未落实分类管理责任的，责令立即改正，并处罚款。个人未按规定分类投放生活垃圾，由生活垃圾分类管理责任人进行劝阻；对拒不听从劝阻的，生活垃圾分类管理责任人应当向城市管理综合执法部门报告，由城市管理综合执法部门给予书面警告；再次违反规定的，处50元以上200元以下罚款。对于应当受到处罚的个人，自愿参加生活垃圾分类等社区服务活动的，不予行政处罚。

（2）上海。2019年，《上海市生活垃圾管理条例》正式实施，根据规定，个人或单位未按规定分类投放垃圾都将面临处罚。该条例中的措施，不仅实现管理区域、管理对象全覆盖，同时还加大了惩处力度，因此也被外界称为"史上最严垃圾分类措施"。

（3）广州。2019年，广州市城市管理和综合执法局对外发布了《广州市居民家庭生活垃圾分类投放指南》（2019年版），细致列举了可回收物、餐厨垃圾、有害垃圾、其他垃圾四大类100多种细目。对不同生活垃圾种类类别、投放注意事项、容易混淆的生活垃圾进行了较细致的列举。2020年，《广州市生活垃圾源头减量和分类奖励暂行办法》已正式印发，于2020年7月1日起施行，有效期为3年。在此期间，广州市在生活垃圾源头减量和分类工作中成绩突出，具有较强示范引领作用的单位、家庭和个人将获得通报表扬、奖金等奖励。❶

二、垃圾分类的标准

（一）可回收物

指适宜回收可循环利用的生活废弃物，主要包括废纸、塑料、玻璃、金属和布料五大类。

（1）废纸。主要包括报纸、期刊、图书、各种包装纸等。但是，要注意纸巾和卫生间用纸由于水溶性太强不可回收。

（2）塑料。各种塑料袋、塑料泡沫、塑料包装、一次性塑料餐盒餐具、

---

❶ 聂峰 易志军.新时代劳动教育教程[M].北京：电子工业出版社，2020：116-117.

硬塑料、塑料牙刷、塑料杯子、矿泉水瓶等。

(3) 玻璃。主要包括各种玻璃瓶、碎玻璃片、镜子、暖瓶内胆等。

(4) 金属物。主要包括易拉罐、罐头盒等。

(5) 布料。主要包括废弃衣服、桌布、洗脸巾、书包、鞋等。

这些垃圾通过综合处理或回收利用，可以减少污染节省资源。如每回收 1 吨废纸可造好纸 0.85 吨，节省木材 0.3 吨，比等量生产减少污染 74%；每回收 1 吨塑料瓶可获得 0.7 吨二级原料；每回收 1 吨废钢铁可炼好钢 0.9 吨，比用矿石冶炼节约成本 47%，减少空气污染 75%，减少 97% 的水污染和固体废物。

（二）厨余垃圾

厨余垃圾指食材废料、过期食品、瓜皮果核、花卉绿植、中药药渣等易腐的生活废弃物。包括剩菜剩饭、骨头、菜根菜叶、果皮等食品类废物，经生物技术就地处理堆肥，每吨可生产 0.6~0.7 吨有机肥料。家里用剩的废弃食用油，也归类在厨余垃圾。

(1) 果壳瓜皮。在垃圾分类中，"果壳瓜皮"的标识就是花生壳，属于厨余垃圾。玉米核、坚果壳、果核、鸡骨等是厨余垃圾。

(2) 残枝落叶。属于厨余垃圾，包括家里开败的鲜花等。

（三）其他垃圾

其他垃圾指除可回收物、有害垃圾、厨余垃圾外的其他生活垃圾，即现环卫体系主要收集和处理的垃圾。主要包括砖瓦瓷、渣土、卫生间废纸、纸巾等难以回收的废弃物及尘土、食品袋（盒）。采取卫生填埋可有效减少对地下水、地表水、土壤及空气的污染。

(1) 大棒骨。因为其"难腐蚀"被列入其他垃圾。

(2) 卫生间废纸。厕纸、卫生纸遇水即溶，不算可回收的"纸张"，类似的还有烟盒等。

(3) 厨余垃圾装袋。常用的塑料袋，即使是可以降解的也远比厨余垃圾更难腐蚀。此外塑料袋本身是可回收垃圾。正确做法应该是，将厨余垃圾倒入垃圾桶，塑料袋另扔进可回收垃圾桶。

(4) 尘土。在垃圾分类中，尘土属于其他垃圾。

（四）有害垃圾

有害垃圾指含有对人体健康有害的重金属、有毒的物质或者对环境造成现实危害或者潜在危害的废弃物，包括电池、荧光灯管、灯泡、水银温度计、油漆桶、部分家电、过期药品、过期化妆品等。这些垃圾必须单独收集、运输、贮存，由环保部门认可的专业机构进行特殊安全处理。❶

分类操作

一、一般垃圾分类操作

（一）分类原则

进行垃圾分类，关键要掌握分类原则：可回收物记材质，玻、金、塑、纸、衣；有害垃圾非常少，主要是废电池、废灯管、废药品、废油漆及其容器；厨余垃圾看是不是很容易腐烂，是不是容易粉碎；剩余的就都是其他垃圾了。当发现有混淆模糊、不能准确判断类别的垃圾时，也可以把它归为其他垃圾。

（二）投放要求

1. 可回收物

可回收物投放要求如下：
（1）应尽量保持清洁干燥，避免污染。
（2）立体包装物应清空内容物，清洁后压扁投放。
（3）易破损或有尖锐边角的，应包裹后投放。

---

❶ 聂峰 易志军.新时代劳动教育教程[M].北京：电子工业出版社，2020：113-114.

2. 有害垃圾

有害垃圾投放要求如下：

（1）投放时应注意轻放。

（2）易破碎的及废弃药品应连带包装或包裹后投放。

（3）压力罐装容器应排空内容物后投放。

另外，在公共场所产生有害垃圾且未发现对应收集容器时，应携带至有害垃圾投放点妥善投放。

3. 厨余垃圾

厨余垃圾投放要求如下：

（1）厨余垃圾应从产生时就与其他品种垃圾分开收集。

（2）投放前尽量沥干水分，有外包装的应去除外包装投放。

另外，在公共场所产生厨余垃圾且未发现对应收集容器时，应携带至厨余垃圾投放点妥善投放。

4. 其他垃圾

其他垃圾投放要求：投入其他垃圾收集容器，并保持周边环境整洁。

5. 大件垃圾

大件垃圾，如沙发、床垫、床、桌子等，可以预约可回收物回收经营者或者大件垃圾收集运输单位上门回收，或者投放至管理责任人指定的场所。

大型电器电子产品也属于大件垃圾，如空调、电冰箱、洗衣机、电视机等，处理此类垃圾时可联系规范的电子废弃物回收企业预约回收，或按大件垃圾管理要求投放。

需要注意的是，小型电器电子产品包括微电脑、手机、电饭煲等，可按照可回收物的投放要求进行投放。

6. 装修垃圾

装修垃圾，如碎马桶、碎石块、碎砖块、废砂浆及弃料等。装修垃圾和生活垃圾应分别收集，并将装修垃圾装袋后投放到指定的场所。❶

---

❶ 卢璐 刘杨林 钟磊.大学生劳动教育教程[M].北京：航空工业出版社，2020：93-95.

二、大学校园垃圾分类

大学校园人口密度很大，师生都是集中居住的校内教师公寓和学生宿舍，校园每日产生的垃圾数量巨大，如何处理这些垃圾成为学校及全体师生亟待解决的大问题。

1. 大学校园垃圾分类的意义

源头上避免校园环境污染。大学有不少实验实训涉及有毒有害物质，大学校园垃圾中常常存在大量有害有毒的物品，及时将垃圾分类回收利用后，有条件的可以根据垃圾的种类采取相应处理措施。垃圾分类处理后，可以提高无害化处理效果，成功避免垃圾混合导致的交叉污染，避免滋生蚊蝇，避免对校园环境的污染。

提高师生员工的环保意识。校园垃圾分类回收利用需要全体师生员工的共同参与，师生员工在积极参与创建优美校园环境过程中，环保意识逐步得到提高。

校园垃圾不及时分类处理不仅污染环境，而且还会浪费资源。实现垃圾分类回收利用有助于造福自然和人类，主要是因为校园中常常包含大量的废纸、废金属、废塑料等，这些均有巨大的回收价值。如果这些废物能够得到回收利用，将减少对自然资源的开采，有利于变废为宝，实现保护自然资源的目的。

2. 大学校园垃圾分类措施

大学校园应该充分利用校园网站、广播电台、宣传栏等积极宣传校园垃圾分类回收利用的意义，向全体师生员工普及垃圾分类不当的危害，普及垃圾分类的基础知识。为了增强教育效果，学校可以定期邀请环保方面的专家前来开展讲座，以便让大学生了解当前我国垃圾分类回收利用现状，学习国外发达国家垃圾分类回收利用的先进经验。除此之外，学校还可以组织大学生开展志愿者活动，组织学生会开展"校园垃圾分类回收利用知识宣传月"等专题教育活动，切实增强教育效果。

加大垃圾回收的基础设施建设投入。将垃圾分类回收利用纳入学校和所在社区重点工作范畴内，及时结合校园现状定制校园垃圾分类回收利用基础设施，及时公布校园垃圾收集容器及集中收集点分布信息。

建立健全管理制度。为了确保校园垃圾分类回收利用工作得以长期顺利、有效开展，学校还应该针对该项工作建立相应的校园垃圾分类专项制度，如宿舍、教学楼、食堂、校园广场、运动场馆等不同校园场所的垃圾分类投放管理规定，并编写和印发相关的校园垃圾分类指南与要求。以校规的形式针对垃圾分类的学生给予一定的奖励，相反针对那些不按垃圾种类投放的学生要给予相应处罚，还可以将奖励措施同"文明寝室评比""三好学生评定""师生员工年度考评考核"等有机结合起来。❶让师生全面参与到校园卫生保洁、环境美化工作中，行政部门、二级学院根据区域划分，责任到人，开展网格化卫生清扫和垃圾分类。逐步形成师生广泛参与校园卫生创建的长效机制，广大师生在平凡的岗位上自觉成为爱校爱岗的践行者和贡献者。

三、践行垃圾分类

垃圾分类是个人文明的培养基石。个人文明不是空洞的说教，而是具体的实践。节约资源，保护环境，人人有责，也需要人人尽责。对个人而言，不管有多么高远宏大的环保理念，都可以从举手之劳的垃圾分类开始践行。作为现代社会公民，如果连垃圾分类这点小事都不肯做或做不到空谈环保理念、抱怨环境污染又有什么意义？反之如果连垃圾分类这种琐事都能一丝不苟坚持不懈做好，还有什么事情是做不好的呢？提升大学生公民素养和个人文明离不开教育。叶圣陶先生说过："教育是什么？往简单方面说只有一句话，就是养成良好的习惯。"垃圾分类就是师生员工履行环境责任、践行环保理念、培养良好习惯的有效载体，本身就是公民教育、法治教育、文明教育的重要方式。当前，我国部分垃圾分类先行城市已经基本具备了垃圾分类处理能力，前端居民分类投放参与率低、准确性差已经成为制约后端分类处理设施稳定运行发挥效益的主要矛盾，在这种情况下，强调师生员工切实履行源头分类投放责任，进而养成良好习惯，提升个人文明水平，具有重要的现实意义。

从国际、国内经验来看，一切脱离师生员工的源头分类投放责任来推动垃圾分类的行为，只能是"为分类而分类""假装在分类"，都有悖于垃圾分类的初心，实际上不可能持续。只有真正将师生员工的源头分类投放责任落到实处，让更多师生员工在亲力亲为参与垃圾分类中，将分类的意识转化为

---

❶ 聂峰，易志军.新时代劳动教育教程[M].北京：电子工业出版社，2020：115-116.

自觉的行动，才能真正提升个人文明水平，才能形成垃圾分类的长效机制，建设美好和谐校园。

附：湖南化工职业技术学院校园生活垃圾分类投放指南

思考题

1. 简述校园垃圾分类的意义。

2. 简述垃圾分类的标准。

第五章
培养品质

"富贵本无根，尽从勤里得。"劳动最光荣，劳动最崇高，劳动最伟大，劳动最美丽。热爱劳动、尊重劳动永远是中华民族的传统美德。在大学生中弘扬劳动精神，培养劳动品质，教育引导学生崇尚劳动、尊重劳动，这是新时代对素质教育的重申，也是对青年要培养良好劳动品质的强调。引导青年大学生树立正确的劳动观，正确理解劳动安全、劳动敬业、劳动诚信、劳动勤俭和劳动创新，是满足人民日益增长的美好生活需要的客观要求，实现人的自由全面发展的现实路径，是实现全面建成小康社会进而建成富强民主文明和谐美丽的社会主义现代化强国、实现中华民族伟大复兴的必然选择，更参与社会激烈竞争的必由之路。

第一节 劳动安全

在劳动过程中，安全与我们息息相关，每个人的心里都有安全价值观，它反映为人在劳动过程中的自我防护意识、自我行为约束能力、观察预判能力和自我安全技能提升观念。因此，树立正确的劳动安全价值观，可以有效减少事故发生和人身伤害，降低经济财产损失，对自己负责，对社会负责，对国家负责。

一、劳动安全及责任

安全意识是安全价值观的基础，安全能力是安全价值观的保障，安全行为是安全价值观的体现。安全意识通常体现在人的自我安全防护方面，安全意识的强弱取决于人们自身责任心的强弱、安全教育程度、安全知识、劳动经验积累等，经历过事故的人往往具有较高的安全意识。

行为是意识的外在表现，个人有什么样的安全意识，就会产生什么样的安全行为。在劳动过程中，可以表现为从业人员对生产安全权利和义务的执行情况，如安全生产的知情权、检举权、拒绝违章指挥和强令冒险作业、紧急情况下停止作业和紧急撤离、遵章守纪、正确佩戴和使用劳动防护用品、

接受安全知识教育等。

安全能力是预判事故风险、预防事故发生和正确应对事故的能力。实践证明，安全能力直接关系到劳动者的安全状况。提高安全能力的有效途径是接受安全培训和教育，特殊工种如电工，一定要通过技能培训合格取得操作证方能上岗作业。职场安全无小事，这需要每个人都提高职场安全意识，在作业场所能够正确辨识职业危害因素，做到自我管理、自我保护，防止职业病侵害，提高避灾自救能力。

劳动过程中出现安全事故均需依法负责。在劳动过程中，不管是企业、企业负责人、管理人员还是从业人员，都有相应的安全职责和义务，一旦违反了法定义务或契约义务，或不当行使法律权力，发生了事故，造成不良后果，就需要各自承担相应责任。《安全生产法》《劳动法》《民法通则》《行政处罚法》《刑法》等均有与劳动安全相关的法律责任界定。劳动安全法律责任分为民事责任、行政责任、刑事责任。

民事责任是民事主体违反民事法律规范所应当承担的法律责任。行政责任是个人或者单位违反行政管理方面的法律规定所应当承担的法律责任，包括行政处罚和行政处分。根据《行政处罚法》的规定，行政处罚的种类包括：警告；罚款；没收违法所得、没收非法财物；责令停产、停业；暂扣或吊许可证、暂扣或吊销营业执照；行政拘留；法律、行政法规规定的其他行政处罚。行政处分的种类有：警告；记过；记大过；降职；留用察看；开除等。刑事责任是违反刑事法律规定的个人或者单位所应当承担的法律责任，与动安全相关的刑事责任有：重大责任事故罪；强令违章冒险作业罪；重大动安全事故罪；不报、谎报安全事故罪；危险物品肇事罪；工程重大安全事故罪；消防责任事故罪；教育设施重大安全事故罪；交通肇事罪等。

二、劳动风险及防范

风险无处不在，上班路途中过往的车辆，工作过程中运转的机械昏暗的工作环境，湿滑的地面，意外停电和送电等，这些都有可能造成不可挽回的人身伤害。劳动过程中存在的这些劳动风险可以分为人的不安全行为、物的不安全状态、环境状态不良、管理机构制度缺陷等方面。❶

人的不安全行为是指人由于心理或生理因素导致行为、操作等不符合企

---

❶ 教育部职业技术教育中心研究所.劳动教育读本[M].北京：高等教育出版社，2021：085.

业规章制度或安全操作规程的要求，可能导致未遂事件或事故的发生。如违章作业，违反相关规定和制度，不正确佩戴安全防护用品，擅离岗位等行为。

物的不安全状态指劳动过程中由物理性、化学性或生物性造成的设备、设施、工具或物品的缺陷，如防护设施破损缺失，带电线路破损裸露，飞溅物或坠落物，高温物质或有毒易爆物质等。

环境状态不良指劳动过程中劳动环境由于空间、湿度、光线、气候条件等不利于作业，有可能造成意外发生。如劳动场所狭小杂乱，空气流通不畅，光线不足，地面湿滑，大风或雨雪天气等引起温度、气压异常。

管理机构制度缺失是指劳动过程中安全组织机构不健全、安全制度不完善、安全责任制未落实等。如劳动过程中未指定安全操作规程，未对员工进行安全知识培训，未按规定发放和及时使用劳动防护用品等。

劳动安全隐患和风险时时刻刻存在劳动过程中，要时刻牢记严格的防范要求，根据事故因果连锁理论及实践经验总结，要想避免劳动事故的发生，有效保护人身财产安全，首先着重从人的不安全行为和物的不安全状态着手进行严格管理。人的不安全行为是引发事故的主要原因，这就要求我们在劳动过相中做到"四不伤害"，即"不伤害自己""不伤害他人""不被他人伤害"和"保护他人不受伤害"。同时要加大投入，确保劳动过程中及时消除物的不安全状态和环境状态的不良情况，特别是必须建立健全劳动安全管理机构制度，并严格执行到位。

三、劳动安全应急处置

劳动安全事故是指劳动单位在生产经营活动（包括与生产经营有关的活动）中突然发生的，伤害人身安全和健康，或者损坏设备设施，或者造成经济损失的，导致原生产经营活动（包括与生产经营活动有关的活动）暂时中止或永远终止的意外事件。劳动过程中常见的事故有触电事故、物体撞击、机器伤害、火灾事故、中毒和窒息事故。根据《生产安全事故报告和调查处理条例》，事故发生后，事故现场有关人员应当立即向本单位负责人报告；单位负责人接到报告后，应当于1小时内向事故发生地县级以上人民政府安全生产监督管理部门和负有安全生产监督管理职责的有关部门报告。情况紧急时，事故现场有关人员可以直接向事故发生地县级以上人民政府安全生产监督管理部门和负有安全生产监督管理职责的有关部门报告。从业人员应积

极参加劳动单位组织的应急培训和应急预案演练,熟练掌握火灾、触电、中毒和窒息、自然灾害等多发事故的应对方法,并能在事故发生时利用安全知识和能力有效实施劳动安全应急处置。

四、劳动保险

劳动保险是国家为劳动者提供的一种社会保障制度,是劳动者因为年老、失业、患病、工伤、生育等各种原因不能继续从事劳动或暂时中断劳动,从国家和社会获得物质帮助的一种方法和途径。

目前,由劳动组织为员工进行的保险主要包括五类:养老保险、医疗保险、失业保险、工伤保险、生育保险,其中工伤保险、生育保险由用人单位单独缴纳。劳动保险可以有效保障无收入、低收入以及遭受各种意外灾害的劳动者有生活来源,满足基本的生存需求,帮助他们消除和抵御各种市场风险,避免因生活缺乏基本保障而引发系列的困难和矛盾,从而维护社会的稳定。

五、劳动卫生

劳动卫生即职业卫生,是为了预防和保护劳动者免受工作场所中的些危险有害因素导致的健康影响和危害,而进行的对工作环境识别、评估、预测和控制的一门科学。

随着社会进步和科技发展,劳动者在职业活动中所受到的职业危害呈现出分布行业越来越广、接触人数越来越多、危害流动越来越大、隐匿迟发性越来越强并不断持续扩大的特点。做好劳动卫生工作,可以有效保障劳动者身体健康、企业经济效益和社会稳定发展。

充分行使安全权利。在签订劳动合同时,劳动者有权获知工作过程中可能产生的职业危害及后果、防护措施和待遇。在劳动过程中,有权建议单位在醒目位置设置公告栏,公布本单位的职业卫生管理制度和操作规程,工作场所存在的职业病危害因素及岗位、健康危害、接触限值、应急救援措施,以及工作场所职业病危害因素检测结果、检测日期、检测机构名称等。

积极参与安全培训。劳动者上岗前10日内、转岗或离岗后6个月重新从事接触职业病危害因素的,应接受用人单位组织的不少于12学时的职业卫生培训,并经书面和实际操作考试合格后方可上岗作业。要按时接受健康检查。

接受岗前、岗中、岗后健康检查，配合企业维护好劳动者个人职业健康监护档案。在岗期间的劳动者，应接受用人单位每年不少于 8 学时的职业卫生培训。接触有职业病危害因素的新技术、新设备、新工艺的劳动者，应在其接触前 1 个月，接受不少于 4 学时的职业卫生培训。❶

严格遵守规章制度。遵守法律法规和企业各项规章制度，遵守岗位操作规程，正确佩戴、使用和维护个人防护用品，正确使用和维护职业卫生防护设备和设施，落实劳动卫生工作。

第二节 劳动敬业

"人生在勤，勤则不匮"，意为民众的生计、生活在于敬业劳作，敬业劳作就不会物资匮乏。劳动敬业是创造幸福的不竭动力，劳动敬业是劳动诚信、劳动创新的基本前提，是每一个中华儿女应有的劳动态度和生命状态。敬业强调的是脚踏实地、奋发干事，回溯历史，任何一点进步、任何一次成功都是由人民的艰苦奋斗、敬业劳动创造出来的。越是美好的未来，越需要我们不畏艰辛，不辞辛苦。新时代面对各种新挑战，我们需要苦干笃行，愈挫愈奋。只有这样，我们的社会才能健康迅速地向前发展，我们的国家才能在激烈的竞争中立于不败之地，我们的民族才能永久屹立于世界民族之林。

一、劳动敬业的概念

古往今来，"敬业"二字始终是中华民族的传统美德和行为范式，对劳动的肯定和赞美是中华传统文化的重要内容。敬业劳动是中华民族自古以来的优良传统。从最初的大禹治水到如今的中国梦，中华民族历经五千年文明的发展历史，吃苦耐劳思想不断发展丰富。在古代，《周易》中指出："天行健，君子以自强不息。"战争年代，中国共产党正是依靠吃苦耐劳的坚强意志，用

---

❶ 教育部职教中心研究所.劳动教育读本[M].北京：高等教育出版社，2021：084-089.

小米加步枪推翻了三座大山，建立了中华人民共和国。毛泽东非常重视对自身意志力的培养，他在狂风暴雨中游湘江，登岳麓山，他主张年轻人应到大风大浪中锻炼，磨炼自己的意志力。进入新时代，年轻人就要撸起袖子加油干，不负韶华，艰苦奋斗。这些都是在告诉每一位追逐梦想的年轻人，要想实现梦想，必须努力奋斗，只有具备了吃苦耐劳的精神，才能有更大的成绩。

"敬业"意为"对所从事的专业、工作全心全意"，包括两个层面的含义。首先，劳动敬业需认真，即好的意识；其次，劳动敬业需埋头苦干踏实工作，即好的行动。在好的意识形态下手脑并用，即劳动敬业。劳动敬业具有四层精神内涵。一是"想干"的理想境界，牢记使命，不负青春，以更足的干劲、更实的作为，争做新时代的奋斗者；二是"敢干"的责任担当，以过人的胆识、顽强的毅力，撸起袖子加油干；三是"真干"的实践品质，以务实的作风、勤勉的姿态，切实推进社会主义现代化进程；四是"巧干"的本领能力，以灵活的智谋、卓越的才能，提高个人工作效率，在新时代干实事、干成事。幸福是奋斗出来的，随着中国特色社会主义的不断向前发展，在新的时代条件下，实现共同富裕和中华民族伟大复兴，离不开每个人投身劳动积极参与劳动。同时，只有每个人都敬业工作，才能体现人生价值，给自己带来物质和精神财富，推动整个社会向前发展。人人安居乐业的美好景象不再是海市蜃楼，勤劳致富也不仅仅是一句口号，只要我们肯努力、肯拼搏，就能拥有幸福的人生。

二、劳动敬业的意义

劳动是财富的源泉，更是幸福的源泉，一切幸福都要靠自己的劳动去创造。人们在敬业劳动中体现价值、展现风采、感受快乐，某种意义上可以说敬业劳动本就是一种幸福。经过敬业劳动获得的成果是经得起时间考验的，只有真正付出过艰辛劳动的人才能体会什么是真正的幸福，从而心安理得地享受自己劳动创造的幸福。

（一）劳动敬业是社会基本物资的保障

我国是农业大国，拥有悠久的农耕文明，粮食安全永远都是国之根本、民之命脉。我国农业劳动者勤勤恳恳，随着科技的发展，各项高新技术也应用于农耕活动中。在2020年突如其来的新冠肺炎疫情中，除了防疫物资，粮食也成为各国争相采购的主要物资之一。对此，2020年4月4日，农业农村部发展规划司在国务院联防联控机制新闻发布会上发言："百姓米面无忧，没有必要抢购囤积，粮食还是要吃新的好。"农业劳动者用自己的敬业劳动奉献社会。❶

（二）劳动敬业是社会稳定发展的基础

从原始社会到当今的信息化社会，每一次社会形态的变革，其根本原因都在于生产力的发展，而生产力的发展是人们在敬业劳动中创造了大量社会财富的结果，从而推动社会变革，促进社会进步。如我国近十多年交通运输业的快速发展正是体现了劳动敬业这一品质的必要性。劳动敬业的科学家们通过长时间一次次实验，不断改进，发展了新型交通工具——城际动车组、一般动车组和高速动车组列车等，数以亿计的人民实现远程距离的快速运输，这是单靠飞机运输无法办到的，促进了人类社会的进步、提升了全体人民的幸福感、安全感和获得感。

三、劳动敬业的实现途径

随着社会经济的进步和社会文明的发展，敬业劳动的品质在当今社会中越来越凸显其时代价值。每一位大学生都是建设祖国美好明天的中流砥柱。劳动敬业不仅是素养问题，也关乎人生的成败，民族振兴和国家强盛。这既是时代对每一位大学生提出的客观要求，又是自身全面健康发展的切实需要，是当代大学生成才的必由之路和基本条件。

大学生要意识到劳动敬业的重要性，理解幸福生活的根源所在，提高自己的思想觉悟，认识自身的主体地位。通过学校教育、自我教育，增强劳动自觉性，主动参加各项劳动实践活动，养成劳动敬业的良好习惯。一方面，可积极参加体力劳动，如打扫校园，去福利院做义工等，不仅能强健体魄，还能培养自己吃苦耐劳、乐于助人的精神。通过体验劳动所获得的幸福感来促使自己形成劳动敬业的良好品质。另一方面，可积极参加与自身专业相关的活动，将理论学习与实践结合在一起，在实践过程中提高自身劳动技能，为将来工作奠定坚实基础。

---

❶ 彭远威 张锋兴 李卫东.高职生劳动教育教程[M].广西师范大学出版社，2020：129.

（一）热爱劳动

热爱劳动是非常可贵的个性品质，是创造社会财富、社会发展进步的内生动力。宝剑锋从磨砺出，梅花香自苦寒来。只有热爱劳动，具有勤劳勇敢、艰苦奋斗、坚强意志、聪明才智的优良品质，才能更好地历练、成长与锻造；只有热爱劳动、艰苦奋斗，我们的民族、社会不断成长前进，迈向更高的中华文明。当农民们脸上露出丰收的喜悦的时候，当工人们在生产竞赛中胜利完成生产任务的时候，当科学家取得新的重大科技突破的时候，当屠呦呦拿到诺贝尔奖的时候，当奥运会上运动员拿到金牌、中华人民共和国国旗一次次升起的时候，当我们在各自平凡的工作岗位上成绩突出、受到表彰时……所有这些辉煌的劳动成就让我们感到光荣而自豪，证实着我们平凡劳动中的伟大。

（二）终身劳动

有劳动就有希望，有希望就有追求，有追求就有理想，有理想就有梦想，有梦想就有未来。人类社会的历史就是一部人类劳动不断发展与创新的历史，劳动创新是社会发展的重要动力。千百年来，从穴居野外到高楼大厦，从木棍石斧到机器电钻，从结绳记事到计算机自控，不知道经历了多少亿万次的革新和创新；从蛮荒原始时代进化到文明社会，正是一代又一代中国人的终身劳动孕育了伟大的中国梦，是劳动让我们插上梦想的翅膀。伟大而光荣的劳动孕育着伟大而光荣的梦想。空谈误国，实干兴邦，在中华民族的圆梦征程上，作为青年大学生，在成长过程中，要树立热爱劳动、终身劳动的良好劳动品质，积极参加社会实践和劳动实践，将自己投身祖国建设的大潮中，需要我们肩负起青春的责任，需要我们每一个中华儿女为之不懈努力奋斗。

（三）勤奋劳动

敬业劳动的品质首先要求我们铭记人生在勤，勤则不匮。勤可立志。人生须立志，志当存高远。勤可补拙。顽强坚持的毅力，长期不懈的努力，才能取得一些成绩。否则，再好的天赋也会白白浪费。技校毕业的高凤林成为"发动机焊接第一人"，走在前面，树立了榜样。

只有勤奋，高远的志向才能立得住，存得远；只有勤奋，高远的志向才能逐步得以实现。勤可为功。自古以来，勤奋就是个人成长、社会进步的推进器。不论是古代的万里长城、四大发明，还是如今的高铁、航天工程，没有无数人的勤奋努力，都无法实现这样巨大的成就。勤可为功，小处看是个人的成功，大处看关乎一个国家、民族的未来。勤劳已成为实现"中国梦"的不竭动力，创造出灿烂辉煌的中华文明，续写着中华民族不朽的奇迹。

（四）劳动敬业光荣

劳动敬业是奋斗的底色，是创造价值的姿态，是世界存在的永恒主题。劳动敬业作为一种传统美德，在任何时代都不会过时。没有劳动敬业，一切社会物质财富和精神财富都无从谈起；没有劳动敬业，人类的生存与发展必然失去最基本的保障。没有劳动敬业，逸与乐就没有基础。只图安逸不事劳动，甚至厌恶、轻视、蔑视劳动，靠占有别人的劳动成果过寄生生活的人，是应该坚决反对的，应该收到全社会的谴责。社会犹如一部大机器，每一个劳动者的每一份工作作为这部大机器的一部分，都是必不可少的。不论是体力劳动还是脑力劳动，不论是简单劳动还是复杂劳动，都是光荣的，都应当得到全社会的认可和尊重。爱岗敬业、争创一流，艰苦奋斗、勇于创新，淡泊名利、甘于奉献的伟大劳动精神，永远是社会主义核心价值观和道德观的最重要的内容。❶

第二节 劳动诚信

劳动诚信是指在各种法规、各项政策允许的范围内所从事的各种有益于社会发展的体力和脑力劳动。劳动诚信是劳动敬业的延伸和表现，也是劳动创新的前提。敬业、诚信都是社会主义核心价值观的基本内容。在中华民族的历史长河中，诚信文化根深叶茂、源远流长，成为我们民族振兴的宝贵精神资源。国以诚立心，人以诚立身。人世间的美好梦想，只有通过诚实劳动

---

❶ 教育部职教中心研究所. 劳动教育读本[M]. 北京：高等教育出版社，2021：093-096.

才能实现；生命里的一切辉煌，只有通过劳动诚信才能铸就。于个人而言，唯有劳动诚信，才能最好地保障和实现人的自由本质，创造体面劳动和全面发展的"资本"。于国家而言，劳动诚信是提升国力的基石和坚守国格的精神基因。劳动诚信，是指劳动者以积极、实干、诚信的态度为他人和社会提供产品、服务，劳动诚信又是指劳动者以主人翁的态度在不违背法律法规对待劳动的一种道德规范。

弘扬诚信文化、提倡劳动诚信，摒弃虚假之风，不仅要加强法治建设，严惩不法行为，还要重视培育诚信文化，从基层抓起。要使大学生认识诚信诚实的重要意义，懂得虚假欺诈的危害，做一个受人尊敬的诚实劳动者。

一、劳动诚信的概念

诚信的基本含义是指诚实无欺，讲求信用。诚实守信一直是中华民族引以为豪的品格。诚信是所有劳动者必备的基本品格。孔子曰："人而无信，不知其可也。"意思是，一个人如果不讲信用，就不知道他是否可以做成事。谁会与一个不讲信用的人打交道呢？一个诚实的劳动者，必定于己无愧、于人无损、于国有益。"诚者不自欺"，诚实的劳动者遵从本心，竭尽全力地做好自己的本职工作，自然问心无愧，从而赢得他人的尊重与爱戴。"言必信，行必果""以诚为本，以信为天"，人们讲求诚信、推崇诚信，诚信之风早已融入我们中华民族文化的血液，成为中华传统文化基因中不可或缺的要素。《礼记·祭统》中有"是故贤者之祭也，致其诚信与其忠敬"之说。在普遍意义上，"诚"即诚实诚恳，指人所具有真诚的内在道德品质；"信"即信用、信任，指人的内诚的外部显化。"诚"更多地指"内诚于心"，"信"则侧重于"外信于人"。"诚"与"信"共同构成了一个内外兼备、内涵丰富的词语。劳动诚信不但会创造基于生存目的的物质价值，还会创造基于奉献目的的精神价值，这对于国家和社会来说，都是有百益而无一害的。

劳动诚信是主流价值观的必然选择。我们常说劳动创造美，那是因为劳动本身就是美的。没有劳动，衣食住行皆为泡影；只有劳动，才能创造实实在在的价值。人类如此美好的一种行为和品质，在今天应得到更好的传承和弘扬，而不能被利益迷了眼，对劳动的内涵有所误读。好逸恶劳、好吃懒做自然不是我们所倡导的劳动观，而在劳动中投机取巧偷奸耍滑同样与我们的主流价值观相违背。我们崇尚劳动尊重劳动，更要正确地付出劳动、从事劳动。集体中如果有撒谎成性、弄虚作假之人,对得自己的工作敷衍塞责,那就会成为集体中的短板,其工作就会成为别人的负担,往往会拖后腿,影响工作效率。劳动诚信,就能赢得他人的尊重,获得他人的帮助;诚信经营,才能获得客户的信赖,赢得企业的成功。

诚信是做人必须具备的道德素质和品格,也是一名合格劳动者应该具备的基本品格。诚信不仅是一种品行,更是一种责任;不仅是一种道义,更是一种准则;不仅是一种声誉,更是一种资源。以诚为先、以诚为重、以诚为美,这才是劳动应有之品质。

二、劳动诚信的意义

社会倡导劳动诚信,是因为只有劳动诚信才能创造坚实的社会物质基础。社会物质基础是人类赖以生存的条件,只有自立自强,才能赢得他人尊重。新中国的成立以及改革开放创造了"中国奇迹",这不可能是"天上掉馅饼"的事,而是我们在突破思想禁锢后,充分焕发劳动激情积极劳动的结果,是全社会奋发有为、辛勤耕耘的结果。从诸多对社会做出贡献的成功企业如华为、海尔等的角度出发,诚信经营确为企业发展的有力保障,是企业成功的必然条件。

社会倡导劳动诚信,是因为只有劳动诚信才能营造健康的社会氛围。劳动创造财富是众所周知的道理,但我们对其的理解往是一般意义上的理解即从物质财富这层面去理解。其实,劳动创造的财富不仅仅是物质财富,更包含着宝贵的精神财富。对于一个社会而言,劳动诚信是社会转型和经济改革过程中规范社会关系的"润滑剂""稳定器"和"助推器",诚信是社会主义核心价值观的重要内容,必须倡导劳动诚信,通过劳动诚信创造美好生活是亿万人民的共同追求,有利于形成以劳动诚信为荣的社会氛围。对于一个国家而言,只有民众守信,制作出的产品优质精良,经得起考验,才能在国际社会中赢得尊重,在国际体系中享有话语权。国家的发展正是由无数个人和企业的发展成就的,个人和企业的诚信集中体现了国家的品牌,塑造了中国在国际上的形象。

社会倡导劳动诚信,必将从每一个人做起。诚信是做人的根本,是职场的通行证。在生活中,人们愿意和诚信的人打交道、交朋友。诚信的人看似暂时失去了某些利益,却赢得了信誉。秉持诚信可以形成一种巨大的品牌效

应,让大学生在成功的路上行走得更远。

三、劳动诚信的实现途径

通过构建规范有序、公正合理、互利共赢、和谐稳定的劳动关系实现全社会的劳动诚信。《中共中央国务院关于构建和谐劳动关系的意见》指出:"努力构建中国特色和谐劳动关系,是加强和创新社会管理、保障和改善民生的重要内容,是建设社会主义和谐社会的重要基础,是经济持续健康发展的重要保证,是增强党的执政基础、巩固党的执政地位的必然要求。"

具体做法:一是坚持以人为本,有效解决劳动者最关切、最需要的利益问题和最困难、最紧迫的现实问题。二是坚持共建共享,推动用工者和劳动者之间协商共事、互利共赢,使劳动成果公平地惠及所有劳动者,实现按劳分配、多劳多得、少劳少得。三是坚持改革创新,推动中国特色新型劳动关系的方法论创新,不断完善劳动政策,改善劳动环境。四是坚持依法构建,持续健全劳动保障的法律法规,履行法律义务,保障自身合法权益,加快落实信用体系联网,建立健全社会失信惩戒机制,最终实现全社会的劳动诚信。通过培育劳动者"爱岗敬业、诚实守信、办事公道、服务群众、奉献社会"的职业道德,实现个体的劳动诚信。忠于职守、爱岗敬业就是要干一行、爱一行、钻一行。在工厂车间,就要弘扬工匠精神精心打磨每一个零部件。在田间地头,就要辛勤耕耘施肥除草。

大学生在校学习期间,就应树立诚实守信的良好品质。一方面,大学生应对所从事劳动必备的知识、技能、技巧有正确认识,对自我劳动素质理性判断并作出合理的自我定位;另一方面,立足岗位踏实劳动,求真学问,练真本领。对于大学生而言,劳动诚信首先是合法劳动,大学生要遵纪守法,不投机取巧,不弄虚作假,不以权谋私,做到诚信立身,合法经营,勤劳致富。劳动诚信其次是合乎道德的劳动,大学生要崇尚劳动诚信意识,旗帜鲜明地反对一切不劳而获、贪图享乐,崇尚暴富的错误观念;要崇尚科学精神,实事求是,积极肯干,向劳动模范、道德模范、大国工匠学习;要崇尚互利互惠,主动与他人交流学习,合作共赢,着力营造和谐的新型劳动关系。积极弘扬劳动精神、劳模精神和诚信文化,依靠劳动诚信实现人生梦想。❶

---

❶ 刘英武,邓鲜艳.大学生劳动素养教育[M].长沙:湖南大学出版社,2020:011.

第一，大学生要通过社会实践实施劳动诚信教育。大学生的社会实践活动，指的是在校大学生走出校门，向社会学习，在实践中学习，了解国情民情。第二，大学生要通过勤工助学实施诚实劳动教育。在勤工俭学中，应坚持信誉至上、质量第一的原则，提倡智力型劳务型的勤工助学活动。第三，大学生要通过公益活动实施诚实劳动教育。可依托学校现有场地、设备和专业教师等基础资源，积极参加为周边社区居民提供专业技术等志愿服务，使劳动教育与爱心教育双管齐下最终实现大学生个体的诚实劳动。

第四节 劳动勤俭

"劳动是幸福的左手，勤俭是幸福的右手"。劳动勤俭是中华民族传统美德，也是最原始的劳动精神，历来为人们所提倡。孔子在两千多年前就提倡"节俭持国"的思想。明末教育家朱柏庐在《朱子治家格言》中总结出"一粥一饭，当思来处不易；半丝半缕，恒念物力维艰"的警句。《古今药石·续自警篇》写道："民生在勤，勤则不匮。是勤可以免饥寒也。"意思是人们的生计在于勤劳，勤劳就不会缺乏衣裳与食物，勤劳能够让人免于饥饿与寒冷，因此勤劳节俭的劳动精神刻在了中国人民的基因中，经过几千年的农耕文明，发展保留至今。

勤俭也是当代社会的内在诉求，现代文明强调珍视有限资源，提倡崇俭抑奢的价值观。劳动勤俭是中国人最基本的道德规范之一，无论从国家、社会还是个人层面都应该是人们的精神追求。从个人、家庭到国家，劳动勤俭永远不会过时并且应当持之以恒。

一、劳动勤俭的概念

劳动勤俭包括努力工作和节约用度两个重要方面。劳动勤俭主要表现为努力创造物质和精神财富，同时艰苦朴素和勤俭节约，珍惜劳动成果。勤俭

节约是中华民族在五千年的历史长河中凝聚而成的劳动精神，在新时代，勤俭节约的劳动精神对中华民族更加重要，它体现了中华民族在新时代的生活态度、精神风貌和民族品质。勤俭代表一种生活态度，一种价值观，一种忧患意识。

二、劳动勤俭的意义

劳动勤俭是社会主义公民基本道德规范之一，提倡勤俭的美德，对发展经济、开源节流以及提高全民族的道德水平有着重要的意义。随着科技的发展，物质生活水平的提高，一些人逐渐丢失了勤俭节约的优良传统。白天明亮的教室里非得开灯，房间开着空调还打开窗户、洗手间的水龙头"细水长流"，计算机永远处在待机状态。一些大学食堂成了浪费粮食的"天堂"，触目惊心。他们没有体会过劳动的艰辛，也很难真正理解劳动勤俭的内涵、珍视劳动成果的价值。厉行节约的"光盘行动"唤起了人们爱惜粮食、反对浪费的意识，弘扬了中华民族勤俭节约的优良传统，也培育了新的生活观、消费观。新时代一直提倡"厉行节约、反对浪费"的社会风尚。我们应该树立劳动光荣、浪费可耻的理念，要坚持勤俭办一切事业，坚决反对讲排场比阔气，坚决抵制享乐主义和奢靡之风。只有通过不懈的努力、艰苦的打拼，既勤劳又节俭，方能创造财富，享有财富。

三、劳动勤俭的实现途径

勤俭不是吝啬，勤俭是当用则用，当省则省；换句话说，就是省用得当。把钱用对用好，才是真正的勤俭。厉行节约、持之以恒，将有限的资源用于个人、家庭的成长和社会发展上，才能更好地促进个人、家庭和国家的长远发展。

（一）尊重他人劳动

劳动伟大而且神圣。劳动不分高低贵贱。工人做工是劳动，农民务农是劳动，教师教书育人也是劳动。广大劳动人民是用辛勤的双手和丰富的智慧，去创造美好的世界，辛勤劳作，艰苦奋斗，创造文明，创造自然，对人类、对整个世界，做出了无比巨大的贡献。任何一种劳动，都能创造财富，对人类都有贡献。有耕耘就有收获，有劳动就有成果。任何人的劳动果实都应该倍加珍惜。我们要不断地提高思想觉悟，加强道德修养，养成良好的节俭习惯，尊重别人的点滴劳动成果。因此，任何人的劳动理应受到称赞，任何人的劳动，也更应该受到尊重。

（二）珍惜劳动成果

幸福是奋斗来的，每一个忙碌的身影都应该被感激，每一份劳动成果都应该被珍惜。我们都是劳动者，尊重劳动者，就是尊重我们自己。致敬劳动者，生活因劳动而幸福。从个人层面，养成良好的消费习惯，到国家层面，不断推进技术革新升级，都是尊重劳动者，珍惜动成果的重要举措。

珍惜劳动成果，从当下做起。童年养成劳动习惯，长大后更可能具有责任心，也更容易适应家庭生活和职场工作的需要，而不爱劳动的人恰恰相反。新颁布的《未成年人保护法》中强调：学校、幼儿园应当开展勤俭节约、反对浪费、珍惜粮食、文明饮食等宣传教育活动，帮助未成年人树立浪费可耻、节约为荣的意识，养成文明健康、绿色环保的生活习惯。新时代大学生是建设社会主义现代化强国、实现民族复兴伟业的主力军。新时代大学生更要做珍惜劳动成果的主力军，做全社会的表率和示范。但因出生在物质生活比较丰富的时代，当代不少大学生勤俭劳动精神有所缺失。这就要求我们必须从现在做起，学会劳动、学会勤俭、学会感恩、学会助人，立志成长为德智体美劳全面发展的社会主义建设者和接班人。

（三）养成良好的消费习惯

消费在我们的生活中无处不在，大学生离开了父母独立学习生活，尽快养成一个正确良好的消费习惯。平时要养成记账习惯，记账是建立良好消费习惯必要的一步，学会管理预算，还能对自己的可支配资产形成一个全面的了解，进而为工作之后的理财打下基础。时刻勿以钱少而不积，小钱虽然单个的作用不大，但是多笔的累计，最后是一个庞大的概念。要建立正确的金钱观，不因价格低廉就随便购买，让每一分花出去的小钱都有其必要的价值。基于现在和未来细心确定当前合理的消费水平，学会消费的"三分法"，让消费和积累更加科学有效。养成良好的消费习惯，进行适度消费，不仅能够满足自己的日常消费需求，避免迷失在消费时代里，陷入盲目攀比、不理智消费的深渊，也是珍惜他人劳动成果的重要体现。

（四）抵制奢靡浪费

节约是对劳动成果的尊重，劳动就必须以节约为本。有人说，在今天，人们的生活水平大大提高，消费理念也应日益更新。节约的道德观念陈旧了，节约的道德要求过时了。吃饭只吃几口就倒掉才显得有派，好好的衣服不想穿了随手扔掉才显得酷。在这种错误思想的影响下，勤俭节约时下几乎成了小农经济思想的代名词。有的人经常攀比，炫耀自己，说起名牌来如数家珍。奢侈被认为有派头，节约反被认为无能。享受生活、炫耀消费成为部分社会群体的时尚生活理念。大学生要坚决抵制奢侈浪费现象，粮食来之不易，平时的工作和生活中我们应该坚持"光盘行动"。千万不要随意浪费用电，平时在家里和在学校要尽量少开盏灯，离开以后就要及时关掉。在平时的学习生活中要学会量入为出，不要盲目攀比，要意识到奢侈浪费就是对别人劳动的不尊重，对社会的不负责任。❶

第五节 劳动创新

创新对于一个国家和民族而言，有着十分重大的意义，它是国家发展和民族振兴的前提与保障。劳动不能蛮干，要实干和巧干，劳动应该积极响应"大众创业，万众创新"。在知识经济叩响时代大门的新时代，劳动创新已成为主导的劳动形态，成为推动社会发展和国家稳步前行的原动力。唯有劳动创新才能提高效益，从而推动创新型国家的建设。

一、劳动创新的概念

劳动创新是理解未来社会发展的关键。所谓劳动创新，是指突破劳动惯例的思维方式、生产方式、组织方式，创造和运用全新的思维观念、科技知

---

❶ 教育部职教中心研究所.劳动教育读本[M].北京：高等教育出版社，2021：103-105.

识、工艺设计方法进行的创造性劳动。是劳动者充分利用其劳动技能、科学知识，通过技术、知识、思维的创新，创造新的生产条件、方式、劳动成果和社会需求的劳动。它建立在开放性思维和挑战性实践的基础上，是一个不断探索创新的过程。

劳动创新即通过人的脑力劳动萌发出技术、知识、思维的革新，从而提升劳动效率、产生出超值社会财富或成果的劳动。近年来，创新理念对一个国家的重要性日益凸显。党的十八大报告再一次提出坚持走中国特色自主创新道路，加快建设国家创新体系的政策主张，把科技创新视为提高社会生产力和综合国力的战略支撑，将它摆在国家发展全局的核心位置。党的十九大报告更是从"创新是引领发展的第一动力，是建设现代化经济体系的战略支撑"的高度，清醒地认识到加快建设创新型国家的重要性和必要性。

以信息革命为代表的第三次工业革命，尤其是知识经济的兴起极大地促进了生产力的发展，也将劳动创新推上了历史的舞台。劳动创新不仅指技术上的创造，人基于自身劳动对外在环境向着有利于人类发展的方向做出的任何新的改变都属于劳动创新，如管理改革制度改革、商业模式改革和知识改革等。随着人的创造性潜力不断释放，劳动者之间的差别也会愈发明显。

二、劳动创新的意义

劳动创新，是新时代建设创新型国家的发展战略的需要，也是培养自由全面发展的人的内在要求。可以说，劳动创新的本质是进取创新，创新关乎国家前途命运、关乎人民福祉，体现了中国人民的伟大创造精神。

劳动创新是在劳动敬业，劳动诚信、劳动勤俭的基础上进行改革、发展，例如没有创新创造，我们可能和原始祖先一样还住在自然的山洞里，衣不蔽体，食不果腹。从中国古代四大发明到现代"新四大发明"，再到5G等技术的领先，中国人民的劳动创新正绽放出前所未有的光彩。生活从不照顾因循守旧，满足现状者，从不等待不思进取，坐享其成者，而是将更多机遇留给善于和勇于创新的人们。

三、劳动创新的实现途径

劳动创新不仅需要辛勤、诚实，更需要创新，即通过技术、知识、思维革新，更好地实现自主劳动，提升劳动效率，创造更多财富。每一个劳动者都应将为社会服务当成自己应尽的职责，毫无保留地为社会发展贡献自己的力量。在劳动中发扬"首创精神"，乐于学习，善于吸收，在前人的基础上推陈出新，掌握最前沿的科学技术，使用最先进的科技装备。

大学生是社会上最富活力、最具创造性的群体，理应走在创新创业前列。创新精神和创业意识是当前大学生必须具备的重要的个人素质，大学生具备实现自我价值的强烈的创新创业意识，更能促进他们通过劳动实现人生价值，激发和提升其劳动创造力和创新创业能力。要想完成劳动创新，大学生首先必须以自身的专业知识技能为基础、以科学知识为依托，同时在这个基础上找准专业优势和社会发展的结合点，找准先进知识和我国实际的结合点，促使劳动创新创造落地生根、开花结果。❶

大学生提高理论与实践协调发展。新时代的劳动教育与创新创业的融合发展为职业院校人才培养提供了重要的契机。劳动教育的内容具有实践性特点，而创新创业教育从根本上说是劳动实践。大学生要充分利用学科和专业优势，开展实习实训，深入高新企业体验现代科技条件下的劳动实践新形态和新方式，积累职业经验；投身社会实践，及时关注新兴技术动态，学习新知识、新方法、新工艺；参与社会新型服务性劳动，走进城乡社区、福利院，开展公益劳动，参与社区治理，提供专业服务等。大学生应通过多途径开展劳动实践，把握时代特征，了解劳动新形态，提升创新创业能力，提高创造性地解决实际问题的能力。

"大众创业，万众创新"的理念提出后，创新创业就与每个大学生的学习生活息息相关。创新创业是基于某一点的创新进行的创业活动，主要包括：技术创新、服务创新、文化创新、品牌创新等，创新是创新创业的特质，创业是创新创业的目标。创新创业是面向全体学生，融合每个专业、每个课程所需要的必备技能的一门课程，提高学生的创新创业能力有助于提高学生适应社会的能力。

随着新的数字化技术（信息通信技术、人工智能、机器人技术等）的应用，人们的生活、工作和学习方式被大大改变。大学生是我国创新创业发展的重要力量，为了适应将来工作中所需要的数字化技能，大学生更应加强数字化技能的学习，以提高自己将来所需要的技能组合。新时代的创新创业技

---

❶ 刘英武 邓鲜艳.大学生劳动素养教育[M].长沙：湖南大学出版社，2020：11.

能主要有两种：数字化技能和绿色技能。数字化技能是采用现代化数字、数据信息进行的创新创业技能。绿色技能是实现人与自然和谐发展、实现可持续发展的技能。在创新创业实践过程中，课内教学实践、课外活动实践、校外实习实践等多种形式，可以培养学生的创新精神、创业意识和创新创业能力，增强学生掌握数字化技能意识、绿色发展理念与技能意识，提升其劳动创新能力。

思考题

1. 简述劳动敬业具有的四层精神内涵。
2. 简述劳动诚信的实现途径。
3. 简述劳动创新的实现途径。

第六章
尊重劳动

奋斗者既是时代进步的推动者,又是发展成果的获益者。劳动光荣,创造伟大。20世纪末,随着知识经济的出现和发展,人类劳动发生了根本的变化,劳动不仅仅是谋生需求,而且要保障劳动者在自由、公正、安全、有尊严的条件下就业与劳动,实现劳动者精神的满足和社会的认可。要让劳动者生活得更加体面、更有尊严,必须把尊重劳动看成以人为本的要求,尊重劳动是一种优良品质,也是实现体面劳动的核心。以人为本是实现体面劳动的前提,提高劳动者素质是实现体面劳动基础条件,保护劳动者权益是实现体面劳动的保证。制定和严格执行劳动法规是实现体面劳动的保障,培育企业社会责任感是实现体面劳动的要求。

第一节 体面劳动

体面劳动,让劳动者在自由、公正、安全、有尊严的条件下工作,得到社会各界的尊重。体面的回报,是体面劳动发展的重要动力,其价值不可忽视。从物质上守住体面劳动的底线,是劳动尊严的根本,而尊重劳动者的劳动尊严,便是尊重他们的人格尊严。

一、体面劳动的内涵

所谓体面劳动,通俗地理解,就是既有美丽的"体"又有荣耀的"面"的劳动。在中国人的话语体系里,"体面"是指"有面子",光彩、光荣的意思。在现实生活当中,大多数人认为体面劳动就应是穿着体面、工作轻松、坐在办公室内获取高薪的从事脑力的工作。"体面劳动"往往被认为就是收入高的、劳动条件好的、"有面子"的劳动,甚至有人认为只有坐办公室工作的白领才是在从事体面劳动,而在一线从事技术和操作性劳动的劳动者则被人看不起,认为他们是在从事不体面的劳动。为此,不少职业院校的大学生也感到很自卑,觉得自己低人一等。这些认识是片面的,没有真正理解体面劳动的本质。

"世界上最光荣的事是劳动,世界上最体面的人是劳动者。"体面劳动的这一理念是在经济全球化引发一系列社会公正问题的背景下提出的。因此,体面劳动的内涵,劳动者要有一份养家糊口的工作,还要有稳定的就业机会、安全的工作条件、充分的社会保障以及工作中更为广泛的权利,就是要尊重劳动,尊重劳动者的尊严和权利,落实劳动者主人翁的地位,使每个劳动者通过体面的、有尊严的劳动来主宰自己的命运。由此可见,体面劳动不是指收入高、劳动条件好、有保障、"有面子"的劳动,更不是只有坐在办公室工作才是体面劳动,其核心内容是尊重劳动,尊重劳动者,使劳动者的尊严得到有效的保证。体面劳动意味着给劳动者尊严感、获得感、价值感。体面劳动就是有人格尊严的劳动者权益保障的劳动,能自我实现的劳动。体面劳动所要实现的目标是全体劳动者都能体面地从事劳动活动。

国际劳工组织认为,只有通过对工作中的权利、就业、社会保护和社会对话这四个战略目标在整体上予以平衡和统推进,才能够实现"体面劳动"。体面劳动包括四个方面的内容:劳动者的基本权利得到保障;充分的就业岗位和合理的收入;有效的社会保护;通过社会对话解决问题。也就是说,体面劳动意味着劳动者在从事生产劳动的过程中获得足够的公平的劳动报酬和充足的社会保护,同时还能参与社会对话,有效地保障合法的劳动权益。

党的十九届四中全会通过的《中共中央关于坚持和完善中国特色社会主义制度推进国家治理体系和治理能力现代化若干重大问题的决定》强调:促进广大劳动者实现体面劳动,全面发展;增加劳动者特别是一线劳动者的劳动报酬;保障劳动者充分就业,维护职工合法权益,督促人民履行应尽义务。

二、体面劳动的建设

(一)建设安全舒适的劳动环境

保障生命安全和健康是劳动者的基本诉求,生存权是人类第一位的权利,也是体面劳动的根本要求。安全权是指劳动的环境要足够安全,劳动的过程中要做好安全保障措施,避免事故和危险的发生。健康权是指在劳动的过程中,要保护劳动者的身心健康,不仅要防止恶劣的工作环境对身体的侵害,也要警惕过重的工作压力和不良的工作氛围对劳动者心理健康的影响。从工作环境的安全性看,体面劳动要求严格的监督和检查制度来把关,避免劳动者处于极度恶劣的工作环境或工作条件中，避免工伤事故和伤害的发生以及避免劳动者患职业病。因此，要在全社会加强宣传，着力营造尊重劳动者主体地位的氛围，改善劳动者的工作环境，在劳动过程中强化社会保障，保证劳动者身心健康，提高劳动者就业质量，从而保障劳动者的劳动尊严。

（二）保障劳动者合理收入

工资收入是劳动者权益中最基本的内容。获得一份合理的工资收入，不仅是满足最低层次的生存与安全需要所必需的，也是对劳动者的贡献价值和社会地位的肯定，更是劳动者通过劳动实现职业生涯发展的必要条件。因此，要让体面劳动充分体现在劳动者的工资收入中，要用公平的工资福利制度体现劳动的应有价值，用合理的分配制度提高劳动者的劳动积极性，让劳动者能够依靠劳动维持体面的生活。如国家设立最低工资标准，各地区根据当地经济发展水平不断调整最低工资标准，在收入分配中强调注重效率和公平，这些都直接体现了体面劳动的要求，有利于构建和谐的劳动关系。

（三）维护合法合理的社会保障

体面劳动的主旨是劳动者的权益问题。作为生产劳动主体的劳动者，其人格及与劳动相关的权益应不断得到尊重、维护和保障，只有这样，才能使生产劳动健康持续发展。具有劳动能力的公民实现就业，获得劳动权利；男女就业平等同工同酬，禁止雇佣童工，就业歧视得到有效遏制；劳动报酬可以使劳动者体面地、有尊严地养活自己及其家庭成员；劳动安全卫生状况良好，劳动者的生命和健康不受威胁；劳动者享有充分的社会保障；劳动者获得应有的教育培训，不断提升就业发展能力；劳动者可表达意愿和参与管理；劳动者有获得持续发展机会的权利。用人单位要提供及时必要的职业技能和发展培训，给予劳动者广阔的空间和充足的发展机会，促进劳动者的进步和自我完善。职业技能培训对于个人、企业和国家来说都意义重大，不仅能够实现劳动者个人的自我完善和提升，有效促进企业提高产能、实现效益增长和人才的成长，而且是推动国家经济转型和高质量发展的迫切需要。获得职业培训和指导不仅可以提高工作技能，也可以为工作进步和职位晋升提供条件，有利于促进体面劳动的实现。

三、体面劳动的价值

党的十九届四中全会提出:"构建和谐劳动关系,促进广大劳动者实现体面劳动、全面发展。"在新时代,实现体面劳动为落实科学发展观、构建和谐社会提出了新要求,注入了新动力。

(一)促进劳动者实现全面发展

体面劳动体现以人为本的新时代精神。体面劳动提倡在工作中每个人都不受到歧视,享受同工同酬,保障了人们的最低生活标准,也使每个劳动者都有获得公正和体面收入的权利。体面劳动还包括极大改善劳动者的劳动条件,提高劳动者的收入和生活质量,完善劳动保障,促进劳动者自由而全面的发展。

一个人在劳动中受到尊重、获得体面,才能以自己的劳动为荣,充满自信和尊严感,并从劳动中获得快乐和愉悦,最终实现自由而全面发展。在现代社会要做到这些,就必须实现体面劳动。要实现体面劳动,就要尊重劳动,尊重劳动者。

(二)促进劳动者实现美好生活

通过诚实劳动创造美好生活。诚实劳动的重要表现就是实现体面劳动。一方面,劳动可以创造财富,劳动者因为享有财富而获得体面,实现美好生活。美好生活最基本的就是享有充足的物质生活资料和丰富的精神财富,所以劳动者因劳动而获得体面也是实现人民美好生活的基础。另一方面,体面劳动要求更高层次的就业质量,就是指劳动者工作时间更稳定、收入更高、有更可靠的社会保障,更好的权益保障和更和谐的劳动关系。新时代劳动不仅是谋生手段,还是实现自我价值的重要方式。这意味着人们在选择职业时不只在乎劳动的收入,而是更加注重劳动过程中的体验,感受到劳动赋予生命的崇高与价值,在奋斗中体验到真正的幸福。

(三)促进社会更加公平正义

让劳动者体面劳动,尊严地生活,才能更好体现社会公平正义。体面劳动既体现了对劳动者的尊重,又有助于劳动更高效、更有质量。在体面劳动中,对于个人而言,它是快乐而有激情的,能够彰显个人的生存价值,激发人的潜能；对于社会而言，它有利于保障人权，维护社会稳定，推进社会文明程度的提升；对于用人单位而言，它可以使生产更有活力和生机，能够在同样的劳动时间内创造出更多的劳动体面劳动带来公平正义价值。因此，体面劳动不仅关于劳动者的个人利益，而且具有重要的社会意义和经济价值。

体面劳动相关政策法律法规的健全围绕劳动者最关心、最直接、最现实的利益问题，一定程度上有利于保障劳动者的合法权益，促进社会公平正义。应完善政府工会、企业共同参与的协商协调机制，构建和谐劳动关系，努力让劳动者实现体面劳动全面发展。只有劳动者能够在体面和有尊严的状态下工作、生活，经济社会发展才有坚实的基础和可靠的保障，才能营造公平正义、积极高效的社会环境。[1]

1. 劳动者实现体面劳动是落实以人为本的要求

以人为本，就是要把人类的生存作为根本。以人为本，不仅主张人是发展的根本目的，而且主张人是发展的根本动力。一切为了人，一切依靠人，二者的统一就构成以人为本的完整内容。落实到实际工作中，以人为本就是要以广大人民的根本利益作为我们一切工作的出发点和落脚点，不断提高人民群众的生活水平和幸福感，促进人的全面发展。而要做到这点，就必须尊重劳动、尊重知识、尊重人才、尊重创造，尊重和保护一切有益于人民和社会的劳动，不论是体力劳动还是脑力劳动，不论是简单劳动还是复杂劳动，一切为我国社会主义现代化建设做出贡献的劳动，都应该得到承认和尊重。因此，实现体面劳动是落实以人为本的要求。

2. 劳动者实现体面劳动是时代精神的体现

时代精神是每一个时代特有的普遍精神实质，是一种超脱个人的共同的集体意识。让劳动者实现体面劳动既是改革创新的时代精神在社会建设方面的体现，又是激发劳动者创新精神和创新潜力的重要举措。而体面劳动就是为应对经济全球化所带来的种种机遇和挑战而实施的重要社会政策和措施，其目的就是要通过体面劳动的落实，来激发广大劳动者的创新意识和创新精神，提高企业的创新能力，充分调动广大劳动者的创新能力和全社会的创新活力，充分体现改革创新、与时俱进的时代精神，促进经济和社会的创新发展。

---

[1] 彭远威 张锋兴 李卫东. 高职生劳动教育教程[M]. 桂林：广西师范大学出版社，2020：116-121.

3. 劳动者实现体面劳动是社会建设的重要基石

党的十九大提出经济、政治、文化、社会、生态文明建设五位一体的总体布局，其中在社会建设方面，要坚持在发展中保障和改善民生，在发展中补齐民生短板，促进社会公平正义，在幼有所育、学有所教、劳有所得、病有所医、老有所养的基础上不断取得新进展。而体面劳动、尊严生活不仅与社会建设的目标高度一致，而且是社会建设的坚实基础。因为实现体面劳动，意味着劳动者不仅要有一份工作，而且要有平等的就业机会、安全的工作条件和合理的收入、充分的社会保障；意味着要尊重劳动，尊重劳动者的尊严和权利，落实劳动者"主人翁"地位，使每个劳动者通过体面的、有尊严的劳动来主宰自己的命运。因此，没有体面劳动，就不能充分发挥广大人民群众的聪明才智和建设社会主义的积极性，社会建设就无从谈起；没有有尊严的生活，就不能满足人民日益增长的美好生活需要，和谐社会的建设就会失去动力和活力。

4. 劳动者实现体面劳动也是尊重和保障人权的重要举措

尊重和保障人权是民主政治的基本要求，也是我们党执政的基本目标。劳动者权利是人权的重要组成部分，而保护劳动者权利不仅是体面劳动的重要内容，也是体面劳动的基本要求。体面劳动至少涉及劳动者三个方面的权利：一是工作中的基本人权，关系着人道主义和劳动者的尊严与自由的权利，是体面劳动的前提和必要条件；二是就业和社会保障，属于生存权，关系着劳动者及其家庭的生存，是体面劳动的主要内容；三是社会对话，属于知情权和参与权，是保障劳动者实现体面劳动的基本手段。

四、体面劳动的基本要求

体面劳动意味着劳动者能得到充分而有效的社会保护。充分而有效的社会保护既是体面劳动的重要内容，又是实现体面劳动的重要条件，是劳动者的基本权利，因而也是实现体面劳动的基本要求。体面劳动的社会保护主要包括社会保障和职业健康安全两个方面的要求。其中社会保障包括针对劳动者失业、养老、疾病、生育、工伤等方面的社会保险，也包括社会救济、社会福利等措施；职业健康安全则主要包括为劳动者提供在职业和卫生方面安全的工作环境、劳动工具、工作设施和工作条件。

劳动者的权利得到有效的保护既是体面劳动的基本要求，也是实现体面动的前提，更是尊重劳动和劳动者的具体体现。体面劳动者的权利主要包括如下内容。

1. 政治民主权

劳动者享有由宪法等法律法规规定的各项政治权利，在企业也应具有表达权和对经营情况的知情权。

2. 劳动报酬权

劳动者付出的劳动应当得到相应的合理报酬。

3. 劳动保障权

所有用人单位都要按照《劳动法》《劳动合同法》）的有关规定与劳动者签订劳动合同，为劳动者做好养老、养老、医疗、工伤、生育、失业等社会保险。

4. 知情参与权

生产经营状况、发展状况、重大事项，特别是劳动者对用人单位的重大事项等应有知情权；用人单位要定期向劳动涉及劳动者切身利益的重大事项公开通报，并就涉及劳动者利益的决策、决策、制度等重大事项在出台前先征求工会或劳动者的意见。

5. 事业发展权

对于劳动者的技能、素质提升和个人的成长进步，用人单位应提供必要的条件、合理的经费和相应的设施，为劳动者提供成长发展平台，让劳动者实现自己的人生价值。

6. 法定的休息休假权

劳动者的工作时间要严格按照劳动法规定执行，不得超时，在国家法定法定的休息休假日、节假日应得到休息，确实需要加班时，应征得劳动者同意，并按照规定发放加班工资或予以调休。

7. 劳动安全保护权

用人单位应给劳动者提供安全的工作设施、劳动工具和工作环境，劳动者有对自己的劳动环境和工作条件提出合理要求的权利。

8. 就业择业权

政府和企业要创造更多体面的工作岗位，保障劳动者的就业权、充分尊劳动者意愿，给劳动者充分的择业自主权，不能使劳动者被迫接受不可以接受的工作。

9. 精神文化权

用人单位应为劳动者创造幸福快乐的工作和生活环境，丰富劳动者业余文化和体育生活，满足劳动者的精神文化需求。

10. 成果共享权

实现体面劳动必须强调全员性，惠及广大劳动者，让劳动者能够共享社会和企业的发展成果。劳动者要得到合理的劳动报酬既是劳动者的基本权利，也是劳动者体面生存和发展的基本条件。只有公平合理的收入分配机制，才能保证劳动者体面的劳动、有尊严的生活。❶

五、践行体面劳动

幸福是奋斗出来的，梦想不会自动成真，大学生实现体面劳动是要通过努力拼搏奋斗践行获得。体面劳动在近年出现的"就业难"问题上还继续存在，这里的"难"表现在大学生想要找到一份谋生的工作尤其是想找到一份"好"工作的"难"，这里的"好"工作就是对体面劳动的诉求。大学生要想实现体面劳动，就要对自己有正确的认知，正确认识就业，树立体面劳动的价值观，在大学学习期间，强化体面劳动意识，掌握专业技术技能，努力提高实现体面劳动的能力。

（一）树立正确的体面劳动价值观

大学生在校期间要积极践行社会主义核心价值观，树立社会主义劳动价值观。体面劳动价值观对大学生择业政业乃至社会的价值导向有着至关重要的作用。一些高校毕业生希望自己刚走出校园就找到高薪水的理想工作，但

---

❶ 教育部职教中心研究所.劳动教育读本[M].北京：高等教育出版社，2021：114-116.

现实往往不尽如人意，出现"高不成，低不就"的现象，这与没有正确自我定位正确认识劳动有关。我们想要体面劳动，必须树立体面劳动的价值观念，培养社会主义体面劳动价值观。要合理地调整择业期望值，认识到自己的优势和不足，一切从自身实际出发理性择业。

（二）切实提高体面劳动的能力

社会主义市场经济中的劳动就业，德智体美劳全面发展的高素质技术技能人才是一个关键因素。体面劳动的主体是劳动者本身，而全面提高劳动者的素质是实现体面劳动的关键。劳动者要想在劳动中得到尊严和体现自身价值，就需要不断提升职业化、专业化水平，培养自己的专业技能、人文素养、职业精神，提高劳动能力和素质，从而提高在劳动力市场上的竞争力。

（三）积极参与体面劳动实践

五月是"劳动精神"充分彰显的月份。"五一"国际劳动节一批劳模受奖，大国工匠们也在媒体的宣传下出现在公众视野，彰显了劳动价值和优秀劳动者的风采，推动体面劳动成为全社会的共同追求和价值取向。作为接受高等教育的青年大学生，面对新时代劳动教育浪潮，立足新时代，了解自己的责任与义务，在实践中积极培养正确的劳动习惯和劳动品质，积极参与党史学习教育，学史明理、学史增信、学史崇德、学史力行，树立服务人民，奉献社会的崇高理想，切实提高职业素养、提升专业技术技能，积极投身实现体面劳动的社会实践中。❶

第二节
劳动权益

维护劳动者合法权益既能够保护劳动者合法劳动行为，形成尊重劳动的

---

❶ 彭远威 张锋兴 李卫东.高职生劳动教育教程[M].桂林：广西师范大学出版社，2020：122-123.

文化氛围，也有助于企业人力资服的积累，保障企业可持续发展，是我国构建和谐社会、实现中华民族伟大复兴的中国梦不可或缺的重要组成部分。在党的十九大报告中，"更高质量和更充分就业""人人都有通过辛勤劳动实现自身发展的机会""构建和谐劳动关系""鼓励勤劳守法致富"等重要表述无不展现出国家保护劳动权益和着力改善民生的决心。

一、劳动权益的内涵

劳动权益是劳动者合法、合理的权利与利益的简称，指的是劳动者作为人力资源的所有者，在劳动关系中，凭借从事劳动这一客观存在而获得的应享有的权益，包括就业权、劳动报酬权、休息权、劳动安全卫生权、社会保险权、职业技能培训权以及法律规定的其他劳动权益等。保护劳动者权益就是要保护劳动者的这些合法、合理的权益，这些权益能否得到有效的保护直接关系到劳动者的生存和发展，影响劳动者体面劳动的实现。

（1）就业权。凡是有劳动能力的公民，均应当获得平等就业和选择职业的权利，并能够不受歧视地自主选择职业。

（2）劳动报酬权。劳动者在合法履行劳动义务之后，有权获得与其劳动力价值对等的劳动报酬权益。

（3）休息权。过度劳动或透支式劳动都不利于劳动者身心健康，对于可持续劳动过程会带来负面影响，因而依照法律相关规定，劳动者享有依法休息休假的权益，包括法定节假日、病假、产假等。

（4）劳动安全卫生权。劳动者在劳动的过程中有权获得安全的工作环境以及必要的劳动保护用品，以保障本人的安全和健康的权利，获得劳动安全卫生保护的权益。

（5）社会保险权。用人单位和劳动者必须依法参加社会保险并缴纳社会保险费，获得社会保险和福利的权益。

（6）职业技能培训权。从事技术工种的劳动者具有接受职业技能培训的权益，这既是技能提升和工作效率改进的需要，也是保护劳动者身心健康的需要。

努力改善劳动者在劳动就业、社会保障、劳动安全等方面的条件，保障劳动者特别是大学毕业生的合法权益，有利于推动发展和谐劳动关系促进社会公平公正，促进包容性增长，促进体面劳动的实现。劳动者权益得到充分而有效的保护，既是体面劳动的重要内容，也是劳动者实现体面劳动的重要保证。

二、大学生劳动权益保护

我国党和政府高度重视对劳动者权益的保护。近年来，我国已经颁布了多部法律法规来保护劳动者的合法权益，在劳动者权益保护方面取得了举世瞩目的成绩。但是我们也应该看到，在劳动关系中，劳动者仍然处于劣势地位，加上劳动者维权意识不足、维权能力不够，劳动者权益受损的现象仍然存在，主要表现在劳动者工作环境安全缺乏保障、企业用工不规范、企业薪酬发放不及时和不到位、劳动者休息休假的权利得不到保障、同工不同酬、性别歧视等。保护劳动者的合法权益，需要从法律维权、工会维权、社会维权、企业尽责等多个方面共同努力，建立劳动和谐社会。

大学生具有"劳动者"身份，理应合法享有相应的劳动权益，但作为兼有"在校学生"与"劳动者"双重身份的大学生，很难与用人单位形成持久而稳固的劳动关系，这既成为一些用人单位逃避相关责任的借口，也是大学生自身维权意识不足的重要原因。部分大学生法律意识淡薄，对自身劳动义务认知不到位，认为与用人单位签订的就业协议不具备法律效力而肆意违约。对自身权益、应尽法律义务的不明晰既不利于大学生维护自身合法权益，同时也损害了用人方的利益，不利于维护社会公共秩序。因此，培养大学生合法劳动意识，既要积极履行自身劳动义务，又要善于运用法治思维保护自身的合法权益。

（一）大学生劳动权益保护的特殊性

大学生"特殊劳动者"的身份增加了将其充分纳入法律保护的难度。大多数情况下，大学生需要边完成学业边参加劳动，这就使得他们很难提供连续且稳定的劳动，这种非持续性或非全日制劳动的形式为劳动合同签订带来了困难，即使签订劳动合同，其条款往往也只是一些原则性说明，进而成为其劳动权益维护的重要障碍。

用人单位对于大学生兼职劳动的预期不稳定，用对待普通劳动者的方式为大学生提供必要劳动培训或保障的动力不足。在校大学生能否顺利毕业、毕业后是否会继续留下来工作等，都是用人单位雇佣大学生时所担心的问题。

用人单位考虑时间较短，出于节约成本考虑，在法律层面也较少为其缴纳相关劳动保险。

大学生与用人单位双方合同缔约能力不对等。在兼职或实习劳动关系中，大学生明显处于弱势地位，使得他们在兼职与实习过程中不敢主张自己的合法权益，当自身合法权益受到侵害时也不会像普通劳动者那样主动寻求法律保护。❶

（二）兼职中的劳动权益

大学生兼职活动形式多样，在时间上也有很强的自由性，大多发生在寒暑假或节假日期间。大学生在兼职过程中遭遇权益侵害，时常出现劳动报酬被压低、休息保障不充分、被故意延长工作时长、故意拖欠或克扣工资、被安排高强度工作等方面，甚至出现用人单位无视兼职大学生劳动期间受伤的情况，大学生兼职中的合法劳动权益保护不甚乐观。

根据大学生兼职的法律性质可将大学生兼职种类划分为非全日制用工与劳务关系用工两种。非全日制用工形式与企业正式员工的全日制工作形式相对应，一般为大学生到企业兼职；劳务关系用工相比于非全日制用工形式更加灵活，劳动具有短时性的特点，如发传单、促销或家教等兼职活动。在两种用工关系的兼职中，兼职大学生都享有自愿订立劳动合同、约定工时限制、获得工资保障以及享受特殊工伤赔偿的权益。

一是大学生与用人单位双方在平等协商的基础上应自愿订立劳动合同。二是大学生在兼职时有权与用人方约定兼职期间工时限制。三是大学生兼职有获得工资保障的权利。四是大学生兼职期间有权享有与工伤保险对等的工伤赔偿。

（三）就业实习中的劳动权益

大学生就业实习，是指已修完学校规定学分即将毕业但尚未拿到毕业证和学位证的大三或大四学生，以就业为目的提前进入工作岗位工作。与兼职的情况不同，大学生就业实习的特点在于利用学籍时间，着眼于提升自身的实践能力与就业能力，而不是单纯地利用课余时间赚取劳动报酬。一般而言，大学生就业实习是基于学校的实践安排，而兼职则属于个人行为。随着劳动

---

❶ 赵鑫全 张勇. 新时代大学生劳动教育[M]. 北京：机械工业出版社，2021:175-178.

力市场就业压力增大,实习已成为大学生择业就业的重要途径,通过实习既能够提升大学生的实践能力,帮助其提前适应职场,同时有助于促进产教融合。然而由于实习生身份与人事关系的特殊性,许多企业为降低用工成本,在规章制度、岗位职责等方面往按照本单位正式员工的要求管理实习生,而在享有对等的劳动权益方面却尽显苛刻。❶

目前,我国劳动权益保障体系中虽然尚未形成针对大学生群体的劳动权益保障条款,但在已有法律法规中已体现出对大学生群体合法劳动权益的重视。《劳动合同法》是保障大学生就业权益的基本法律条文,大学生就业中的劳动权益主要包括劳动合同的签订、依法明确试用期限以及订立清晰的合同条款。2016年教育部等五部门联合印发的《职业学校学生实习管理规定》以及2019年教育部印发的《关于加强和规范普通本科高校实习管理工作的意见》(简称《意见》)对职业院校、普通高校学生实习期间工作时间和休息休假权、获得实习报酬权以及对实习过程中发生疾病、伤亡等情况的处理等都做了规定与说明,如"接收学生顶岗实习的实习单位,应参考本单位相同岗位的报酬标准和顶岗实习学生的工作量、工作强度、工作时间等因素,合理确定顶岗实习报酬,原则上不低于本单位相同岗位试用期工资标准的80%,并按照实习协议约定,以货币形式及时、足额支付给学生"。

实习生在就业实习过程中通常发挥"顶岗"的作用,能够胜任一般工作的要求,但"实习工资"通常低于正式员工。鉴于实习生身份的特殊性,企业可以不为实习生缴纳养老保险、失业保险,但应注意要足额缴纳实习期间的工伤保险,切实保障实习生的劳动权益,在就业实习中免受职业伤害。

三、合法劳动意识培养

大学生作为社会主义建设中的公民主体,其合法劳动意识的培养对构建和谐劳动关系、维护社会稳定、促进经济持续健康发展都有无可替代的现实意义。《意见》中也明确提出要"充分认识新时代培养社会主义建设者和接班人对加强劳动教育的新要求",坚持体现时代特征的原则,强化诚实合法劳动意识。

要学好相关法律法规知识,学好劳动法规知识是前提,用好劳动法规知识才是目的。《劳动法》《劳动合同法》规定了劳动者合法权益的基本内容,

---

❶ 赵鑫全 张勇. 新时代大学生劳动教育[M].北京:机械工业出版社,2021:181-182.

是大学生在兼职、实习活动中维护自身合法权益的重要法律保障，因此大学生应主动学习法律条文中劳动权益的有关内容。除了学习劳动相关法律法规，大学生应当充分利用学校课程资源，重视相关法律课程的学习。

要深刻地认识到兼职和实习是寻找工作、正式迈向劳动力市场的前奏，要用一个合格劳动者的标准要求自己，既要注重自身劳动权益的合法保护，也要清楚地认识自己在兼职与实习活动中应履行的义务，诚实劳动，辛勤劳动，用实际行动为自己争取更多权益。❶

要确实维护合法权益。在兼职、实习与就业的过程中，当自身合法权益受到侵害后，大学生应勇于面对被侵害的情况，运用已有的法律法规知识主动尝试与用人方进行沟通，明确双方的权责，尝试协调解决问题。当个人努力协调无果，大学生还应积极寻求外在帮助。高校是大学生进入社会前法律意识形成和培养的重要场所，也是大学生合法权益受到侵害后的第一道保护阵地。在学校的帮助下与用人方进行沟通协调，借助多方力量共同维护自身的合法权益。

思考题

1. 简述体面劳动的基本要求。
2. 简述大学生兼职中的劳动权益。

---

❶ 赵鑫全 张勇.新时代大学生劳动教育[M].北京：机械工业出版社，2021：186-188.

第七章
劳动发展

中国在"制造大国"向"制造强国"转型升级的过程中，人口老龄化的问题也在逐年突显，造成了劳动力人口短缺。根据《中国人才发展报告》的数据显示，中国目前高技能人才仅占劳动力总数的6%。麦肯锡预测，2022年中国高技能人才缺口将超过2000万人。在这种情况下，企业衍生出由人工智能代替一部分人类劳动者的用工形式，而且在一定程度上，人工智能优于人类劳动者，例如，对工作环境的适应度高、没有生理极限、效率高、无休假等。面对日益增长的用人成本，人工智能将会替代一部分人类劳动者，并通过对人类生产活动的调整和重构对劳动者的就业机会和工作福利形成一定冲击。

第一节 人工智能

目前全世界正在进行一场科技革命。人工智能、机器人、虚拟现实（VR）、增强现实（AR）、宇宙开发等各种爆发性的科技发展正在不断地改变我们的生活。人工智能（Artificial Intellgence，英文缩写AI）是研究、开发用于模拟、延伸和扩展人的智能的理论、方法、技术及应用系统的一门新的技术科学。人工智能属于计算机科学的一个分支，它企图了解智能的实质，并生产出一种新的能与人类智能相似的方式做出反应的智能机器，该领域的研究包括机器人、语言识别、图像识别、自然语言处理和专家系统等。以人工智能为代表的新技术革命将给整个社会带来翻天覆地的改变，这种影响几乎等同于20世纪初机械设备将农耕经济带向工业经济时，社会所经历的根本性变革。

一、人工智能的发展历史

人工智能的思想萌芽可以追溯到17世纪中期，莱布尼茨、托马·霍布斯和笛卡尔提出形式符号系统假设，为人工智能研究打开了理论探讨之门。19世纪20年代，英国科学家巴贝奇设计了第一台"计算机器"被认为是计算机硬件亦即人工智能硬件的前身。1956年8月，约翰·麦卡锡、赫伯特·西蒙等不同领域科学家在美国达特茅斯学院发起并组织夏季研讨会，探讨"如何用机器模仿人类智能"，并在会议上首次提出人工智能概念，"达特茅斯会议"也被称为"人工智能的起点"。❶

二、人工智能的发展类型

人工智能是研究开发能够模拟、延伸和扩展人类智能的理论、方法、技术及应用系统的一门新的技术科学，研究目的是促使智能机器会听（语音识别、机器翻评等）、会看（图像识别、文字识别等）、会说（语音合成、人机对话等）、会思考（人机对弈、定理证明等）、会学习（机器学习、知识表示等）、会行动（机器人、自动驾驶汽车等）。按照智能化水平的高低，人工智能可以分成三大类：弱人工智能、强人工智能和超人工智能。

1. 弱人工智能

弱人工智能只专注于完成某弱人工智能如语音识别、图像计识别和翻译，是擅长于单个方面的个特定的任务，人工智能。它们只是用于解决特定的具体问题，大都是依据相关统计实现一定的智能化处理。由于弱人工智能处理的数据归纳出模型，且发展程度并没有达到模拟人脑思维的程度，所以弱人工智能较为单一，属于"工具"的范畴，与传统的"产品"在本质上并无区别。例如，能战胜围棋世界冠军的人工智能AphaGo，它只会下围棋，如果改为中国象棋则无法应对。

2. 强人工智能

强人工智能属于人类级别的人工智能，在各方面都能和人类比肩，人类能完成的脑力工作它都能胜任。弱人工智能是利用现有智能化技术，来改善人类经济社会发展所需要的一些技术条件和发展功能，而强人工智能非常接近于人的智能，这需要脑科学的突破，国际普遍认为这个阶段要到2050年前后才能实现。它能够进行思考、计划、解决问题、抽象思维、理解复杂理念、快速学习和从经验中学习等操作，并且和人类一样得心应手。强人工智能系统包括了学习、语言、认知、推理、创造和计划，目标是使人工智能在非监

---

❶ 赵鑫全 张勇. 新时代大学生劳动教育[M]. 北京：机械工业出版社，2021：250-251.

督学习的情况下处理前所未见的细节，并同时与人类开展交互式学习。由于强人工智能的智能化程度已经可以比肩人类，同时也获得了具有"人格"的基本条件，机器可以像人类一样独立思考和决策。

3. 超人工智能

超人工智能是脑科学和类脑智能能有极大发展后，人工智能成一个超强的智能系统。在几乎所有领域比最聪明的人类大脑都聪明很多，包括科学创新、通识和社交技能。在超人工智能阶段，人工智能已经跨过"奇点"，其计算能力已经远超人脑，甚至已经超越了人类可以想象的范畴。人工智能打破人脑受到的维度限制，其所观察和思考的内容人脑已经很难理解，人工智能将形成一个新的社会。

三、人工智能的发展趋势

以人工智能、大数据、量子信息、生物技术等为代表的新一轮科技革命和产业变革正在催生大量新产业、新业态、新模式，将给世界发展和人类生活带来翻天覆地的变化。一是学科领域交叉渗透，二是经济发展新引擎和竞争新热点，三是带来社会建设的新机遇和新挑战。

四、人工智能与劳动者

（一）人工智能与人类劳动的关系

随着新一代人工智能的兴起，机器智能越来越接近人类智能，过去专属于人类的劳动，特别是脑力劳动，越来越被智能机器所取代。因此，人工智能给人类劳动带来了巨大的挑战，如挑战人类劳动权利和劳动价值观。但是，对人类来说这种挑战本身也是一种机遇，它让人类从繁重的体力和脑力劳动中解放出来，人类由此获得了一定的解放和自由，并有闲暇去享受生活和全面发展。历史经验告诉我们，技术创新从未带来大规模失业，反倒在经济活动中创造了新的、更多的就业机会，人工智能也不例外。人工智能可能会在所有行业中创造许多新的工作，只是工作就任务的要求会发生很大变化。当然，人工智能带来的对人类劳动的挑战不仅仅是劳动问题，它还将涉及财富分配、公平公正等更多深层次的问题。

（二）人工智能时代劳动者需要具备的能力

人工智能时代，技能人才将被划分为技术的创造者、使用者和协作者。对于技术的创造者来说，需要具备计算思维和数字能力，需要拥有数字学科、技术科学和自然科学、人文科学和商学科的能力；对于技术的使用者来说，需要信息技术、数据分析处理、内容开发、信息技术使用等方面的能力，需要利用信息技术解决面临的各种问题。❶

人工智能是一门极富挑战性的学科，从事这项工作的人必须懂计算机知识，以及心理学和哲学。大学生应该主动拥抱人工智能时代，主动学习相关知识和技能，提升自己的创造力、社交能力、分析能力、思考能力、判断能力、审美能力和学习能力，主动适应社会发展。

第二节 未来发展

展望未来，人工智能和机器人对世界带来的影响将远远超过个人计算机和互联网在过去 30 年间所引发的人类变革。

一、人工智能与未来劳动

世界发展日新月异，时代环境不断变化，技术和知识不断更新换代。从社会角度来说，脑力劳动所占的比重越来越大。劳动的支出形式对产业结构，特别是第三产业占比来说至关重要。

利用电子计算机和信息传输系统，收集处理信息，编制和控制生产程序的脑力劳动越来越成为劳动者每天的劳动内容。同时，通信办公和家用电子设备的普及，使人们的生产方式生活方式和自身的价值取向发生了重大变革，脑力劳动飞速发展，开启智能劳动。

---

❶ 教育部职教中心研究所. 劳动教育读本 [M]. 北京：高等教育出版社，2021：215.

互联网、物联网改变着我们的世界，信息时代、智能时代向我们走来，人类的劳动出现了新的变化。身处信息化时代，每天都享受着大数据、云计算带给我们的智能化生活，如今手机功能可谓无所不能，支付宝、微信支付等帮我们摆脱了传统习惯，智能管家解放了人类双手，天眼、GPS 帮助我们迅速查找定位，等等。人类的劳动出现新变化，人类的生活方式飞速变化，职业类型不断变迁。在劳动方式上，直接劳动本身不再是物质生产的主要方式，直接劳动主要变成看管和调节的活动，劳动产品不再是单个直接劳动的产品，相反地，作为生产者出现的是社会活动的结合。直接从事劳动的工人减少，更多是参与研发、设计、管理等劳动，脑体结合的劳动者越来越多。这使得人类劳动时间相对减少，劳动者有更多时间钻研创造，劳动的自主性增强。❶

二、人工智能和未来劳动者

随着人工智能技术日趋成熟和应用领域快速扩展，知识、心理、协作、创新等劳动素养的地位将不断提高，大学生施展才华的舞台也会大幅拓展。

人类劳动活动取划分为四类：规则性体能劳动，规则性智能劳动、非规则性智能劳动和非规则性体能劳动。规则性体能劳动主要指一般的体力劳动，工作内容程序化、固定化重复性强，劳动者处在人才链的最底端，主要聚集在农业、建筑业、制造业流水线和部分服务业。规则性智能劳动主要是一般性的事务性工作，工作内容具有一定专业性，程序化和规律性较高，劳动者处在人才链中端，包括文员、会计、人力资源专员。非规则性智能劳动一般是指需要高知识高技能的脑力劳动，工作内容复杂，具有较高专业性，劳动者处在人才链的顶端，专注于对未知领域的探索，需要具有创造性思维方式，如科学家、企业家、艺术家等。非规则性体能劳动一般特指从事体育运动、极限运动、野外救援等特殊领域中的工作，这一类劳动者数量少、工作危险性高，在劳动力总数中占比最小。在未来人工智能时代，劳动变化正在悄然发生。

1. 机器改变世界的趋势正在形成

国际机器人联合会的统计数据显示，目前全球制造企业在生产制造中使

---

❶ 彭远威 张锋兴 李卫东. 高职生劳动教育教程[M]. 桂林：广西师范大学出版社，2020：23.

用的机器人总数已经超过百万台。互联网技术的支撑使机器人从过去的单台设备应用进入现在"机器人+互联网"的数字化工厂。机器人不仅可以提高生产效率，还可以有效改善产品质量，降低生产成本。"机器换人"将成为传统制造向智能制造转变的必然趋势。

2. 以人为中心的工作流程正在强化

与机器相比，人类的优势在于创造力、灵活性、评判力、即兴创作以及社交和领导能力。因此，人工智能带来的"机器换人"不是机器替代人类本身，而是充分发挥机器与人各自的优势，用机器运行时间替代人类的劳动时间——尤其是重复性、机械式的劳动时间，让人们从繁重的生产工作中解放出来，大幅增加个体可支配的闲暇时间，并助力人们自由发展创造力、想象力和控制力，让人更像"人"，而不是像机器一样工作。智能工厂中机器将代替人力完成大多数工作，不再需要工人参与生产，从而实现向"无人工厂"的转变。

3. 劳动者角色的转变正在加速

劳动者的角色正在从机器操作者向问题解决者转变。工业革命以来极度细化的流水线工作让工人变得更像机器人。生产智能化则在很大程度上减轻了劳动者的劳动强度，改善大批劳动者工作环境，实现从"机器人"向"人"的转变。因此，人工智能对规则性体能劳动和规则性智能劳动的替代是基于社会科技进步，而劳动者向着更高智能劳动领域发展，一定要借助人力资本投资才能实现，主要是指国家为了经济发展，在教育经费和技术训练等方面所进行的投资。

人工智能来势汹汹，虽然完全替代人类劳动为时尚远，但智能机器、智慧制造、产业机器人和服务机器人正在逐渐渗透人类的工作领域，代表着高强度、高效率的生产能力以排山倒海之势进入我们的劳动生活。

三、人工智能对未来劳动者的技术技能需求

随着人工智能在生产生活中的应用不断深化，部分工作岗位被替代的趋势无法阻挡，但智能教育、智能物流、智能交通、智能旅游、智能医疗、智慧城市建设等新事物的不断而现同样无法回避，这也将为大学生提供更多就业机遇和平台。未来社会的清晰全景图是无法预知的，但互联网、移动互联

网、物联网、云计算、大数据等技术推动人工智能在各个领域加速应用的趋势却是可以肯定的，由此带来的劳动方式变革也是难以避免的。人工智能凭借机器学习和大数据处理能够高效完成重复性劳动，通过海量大数据不断训练和自我学习，提出全新解决方案，大幅提升工作效率，进而对生产、管理、研发、营销等诸多方面产生深刻的影响。在生产环节，大量工业机器人将在很多岗位和领域代替人类劳动者。人工智能在生产制造领域的应用，意味着传统生产方式的革新和智能装备广泛应用于制造流程，推动制造业向智能化转型，产品个性化、定制批量化、流程虚拟化、工厂智能化、物流智慧化等都将成为未来的趋势。

人工智能不仅能极大促进生产力的发展，更重要的是能深刻改变人类的思维观念和生活方式。为了适应和满足未来工作的需要，大学生在社交、创新、学习等方面的能力提升要求也会越来越高。大学生在校学习期间要加强本专业基础知识的学习，系统掌握学科知识体系、知识结构和话语体系，不断提升专业素养。不断提升社交能力、独立思考能力、知识整合能力、终身学习能力、创新创业能力等。利用多媒体和网络信息技术打造的"慕课"等智能化学习环境，通过开放、高效、共建、共享的新型智能交互式学习体系，借助大数据智能在线学习平台，有效打破不同专业学习的界限和壁垒，努力使自己成为一专多能的高素质复合型人才，主动适应社会发展。

数字经济的快速崛起对大学生的信息素养提出更高要求，意味着良好的信息素养将成为大学生走向职场的核心竞争力。信息素养并不是简单的技术应用能力，而是更为综合的一种技能，即人们在管理、学习工作、休闲、娱乐和社交等过程中使用数字通信技术参与社会活动的能力。信息素养不仅是大学生参与数字经济、数字社会和数字文化的前提，也是未来工作对大学生的基本能力要求。

思考题

1. 简述人工智能的发展类型。
2. 简述未来劳动者角色的转变。

参考文献

[1] 赵鑫全,张勇. 新时代大学生劳动教育[M]. 北京:机械工业出版社,2021.

[2] 教育部职教中心研究所. 劳动教育读本[M]. 北京:高等教育出版社,2021.

[3] 刘英武,邓鲜艳. 大学生劳动素养教育[M]. 长沙:湖南大学出版社,2020.

[4] 彭远威,张锋兴,李卫东. 高职生劳动教育教程[M]. 桂林:广西师范大学出版社,2020.

[5] 王官成,徐飙. 劳动教育和职业素养训练[M]. 北京:中国人民大学出版社,2020.

[6] 金正连. 劳动教育与素质养成[M]. 北京:中国人民大学出版社,2020.

[7] 卢璐,刘杨林,钟磊. 大学生劳动教育教程[M]. 北京:航空工业出版社,2020.

[8] 聂峰,易志军. 新时代劳动教育教程[M]. 北京:电子工业出版社,2020.